Verde in Evoluzione: Strategie, Pratiche e Visioni per una Nuova Economia Sostenibile

Da Politiche Ambientali a Scelte Consapevoli: Una Guida Completa per Navigare il Cambiamento verso un Futuro Eco-Efficiente e Responsabile

Futuro Verde

1. **Introduzione all'economia green**: Cos'è e perché è importante.
2. **Storia dell'economia verde**: Da dove è nata e come si è evoluta.
3. **I principi fondamentali dell'economia verde**: Circular Economy, Sostenibilità, Efficienza Energetica.
4. **Le sfide ambientali odierne**: Cambiamenti climatici, inquinamento, deforestazione.
5. **La transizione energetica**: Da combustibili fossili a energie rinnovabili.
6. **Ruolo della tecnologia**: Come la tecnologia può accelerare la transizione verso un'economia verde.
7. **Modelli di business sostenibili**: Casi di successo e studi di settore.
8. **Impatto sociale e occupazionale**: Come l'economia verde può creare posti di lavoro e migliorare la società.
9. **Regolamentazione e politiche pubbliche**: Ruolo dei governi nel promuovere un'economia sostenibile.
10. **Ruolo degli investitori e del capitale**: Finanza sostenibile e investimenti verdi.
11. **Commercio e globalizzazione**: Come l'economia verde influenza e viene influenzata dal commercio internazionale.

1. Introduzione all'economia green: Cos'è e perché è importante.

Definizione

L'economia green, conosciuta anche come economia sostenibile o economia dell'ambiente, rappresenta un modello economico che mira a realizzare una crescita sostenibile minimizzando l'impatto ambientale e promuovendo l'efficienza delle risorse. Questa economia non si limita solo a proteggere l'ambiente, ma anche a generare benessere per le persone e a garantire equità sociale.

L'Urgenza dell'Economia Green

Molti degli attuali modelli di sviluppo economico sono insostenibili. L'uso eccessivo delle risorse naturali, l'inquinamento e i cambiamenti climatici sono solo alcuni dei problemi che emergono dalla nostra attuale modalità di consumo e produzione. La crescente incidenza di eventi climatici estremi, l'estinzione di specie e la degradazione ambientale ci mostrano che non possiamo continuare su questa traiettoria senza conseguenze devastanti.

Benefici dell'Economia Green

- **Ambientali**: Riduzione dell'inquinamento, conservazione delle risorse, protezione della biodiversità e mitigazione dei cambiamenti climatici.

- **Economici**: Nuove opportunità di lavoro, stimolo dell'innovazione, riduzione dei costi a lungo termine associati ai danni ambientali e alle malattie correlate.
- **Sociali**: Creazione di posti di lavoro più stabili e sani, riduzione delle disuguaglianze, e promozione di comunità resilienti.

L'Economia Green in Pratica

Al centro dell'economia green c'è la nozione che le attività economiche possono e devono essere realizzate in modo sostenibile. Ciò può includere pratiche come l'uso di energie rinnovabili, l'implementazione di tecniche di agricoltura sostenibile, la progettazione di città più verdi e la promozione di modelli di consumo responsabile.

Conclusione

L'economia green non è solo una moda o un concetto idealistico. È una necessità e un imperativo per garantire un futuro sostenibile. La buona notizia è che, se implementata correttamente, può portare a un futuro in cui le persone vivono in armonia con la natura, godendo di maggiore benessere e prosperità.

In questo libro, esploreremo in dettaglio come l'economia green si sta sviluppando in vari settori e quali sono le sfide e le opportunità che presenta.

L'economia green, come già accennato, rappresenta un paradigma in profonda trasformazione. La sua essenza, fondata sulla sostenibilità e sulla riduzione dell'impatto ambientale, è radicata in molteplici sfaccettature dell'economia mondiale. Diamo un'occhiata più approfondita ad alcuni aspetti chiave di questa rivoluzione verde.

Fondamenti Etici e Morali

L'economia green non è solo una questione di numeri o di politiche; è anche un discorso etico. La nostra responsabilità nei confronti delle future generazioni, il dovere di proteggere gli ecosistemi e la preservazione della biodiversità sono elementi fondamentali del pensiero green. Non si tratta solo di proteggere l'ambiente per il proprio beneficio, ma di riconoscere il valore intrinseco della natura e degli esseri viventi.

L'Interconnessione dei Sistemi

Uno degli aspetti più rilevanti dell'economia green è la comprensione che tutto è interconnesso. Le decisioni prese in un settore possono avere ripercussioni inaspettate in un altro. Per esempio, la scelta di promuovere l'agricoltura biologica può influenzare non solo la qualità del cibo, ma anche la salute del suolo, la qualità dell'acqua e la biodiversità delle specie.

Innovazione e Tecnologia

L'avanzamento tecnologico è un pilastro
fondamentale dell'economia green. Nuove
tecnologie, come l'energia solare fotovoltaica, le
batterie al litio per l'immagazzinamento
energetico e la biotecnologia verde, sono alla base
della rivoluzione sostenibile. Queste innovazioni
stanno cambiando il modo in cui produciamo e
consumiamo, riducendo la nostra dipendenza dai
combustibili fossili e migliorando l'efficienza con
cui utilizziamo le risorse.

La Mentalità Green
L'economia green non riguarda solo le grandi
aziende o le politiche governative; coinvolge
anche il singolo individuo. La mentalità green sta
diventando sempre più prevalente, con
consumatori che optano per prodotti eco-
compatibili, riducendo lo spreco e riciclando.
Questo cambiamento di mentalità è essenziale
per guidare la domanda di prodotti e servizi
sostenibili, influenzando così il mercato.
I Costi dell'Inazione
Mentre i benefici dell'economia green sono
evidenti, è importante anche considerare i costi
dell'inazione. Ignorare le crescenti minacce
ambientali potrebbe avere un prezzo elevato in
termini di danni economici, perdita di
biodiversità e impatti sulla salute umana. Inoltre,
l'adattamento ai cambiamenti già in corso

potrebbe richiedere risorse significative. Adottare un approccio proattivo e sostenibile può aiutare a mitigare questi rischi.

L'Economia Green e la Globalizzazione

In un mondo sempre più globalizzato, le decisioni prese in una nazione possono avere un impatto a livello mondiale. L'economia green, quindi, non può essere vista solo come un'iniziativa locale. La cooperazione internazionale, gli accordi multilaterali e la condivisione delle tecnologie sono essenziali per assicurare che la transizione verso una sostenibilità sia veramente globale.

Sfide e Ostacoli

Nonostante l'entusiasmo crescente attorno all'economia green, esistono numerosi ostacoli. Questi possono includere resistenze da parte di settori tradizionali, mancanza di investimenti in ricerca e sviluppo, o semplicemente una mancanza di consapevolezza. Superare queste sfide richiederà sforzi concertati da parte di governi, aziende e cittadini.

In sintesi, l'economia green è un vasto e complesso argomento che tocca molteplici aspetti della nostra società. Dall'innovazione tecnologica alla mentalità delle persone, ogni componente ha un ruolo cruciale nella creazione di un futuro più sostenibile e prospero.

L'economia green ha le sue radici nell'evoluzione del pensiero economico e nella crescente consapevolezza delle minacce ambientali. Per apprezzare appieno il suo impatto e la sua importanza, è essenziale guardare oltre i dati puramente finanziari e comprendere le implicazioni più ampie e profonde.

Il concetto di "valore" nell'economia green va oltre il mero guadagno economico. Considera, ad esempio, un'antica foresta: mentre un approccio economico tradizionale potrebbe vedere il valore solo nel legname che può essere estratto, un'ottica green riconoscerebbe il valore della foresta come serbatoio di carbonio, come habitat per la biodiversità e come risorsa per le comunità locali che dipendono da essa per cibo, medicina e cultura.

Questo riconoscimento del valore multidimensionale delle risorse e delle attività rappresenta un grande cambiamento rispetto alle teorie economiche tradizionali. Riflette un approfondimento della nostra comprensione di come i sistemi economici interagiscono con l'ambiente e con la società.

L'importanza dell'acqua, ad esempio, è spesso sottovalutata nei sistemi economici tradizionali. Ma nell'economia green, l'acqua è riconosciuta non solo come risorsa per la produzione di cibo e energia, ma anche come elemento vitale per la salute umana, per la stabilità climatica e come fondamento delle culture indigene in molte parti del mondo.

Le disuguaglianze globali sono un altro aspetto che l'economia green cerca di affrontare. Se da un lato ci sono nazioni e corporazioni che prosperano, dall'altro ci sono comunità e intere popolazioni che soffrono a causa delle pratiche economiche non sostenibili. L'inquinamento dell'aria e dell'acqua, la distruzione degli habitat e l'alienazione dei diritti delle popolazioni indigene sono problemi reali che l'economia green cerca di risolvere.

Poi c'è la questione del consumo. Nell'economia moderna, il consumo è spesso visto come il principale motore della crescita. Ma l'economia green ci pone una domanda fondamentale: "Crescita a quale costo?". Se il nostro modello di crescita esaurisce le risorse, danneggia l'ambiente e amplifica le disuguaglianze, allora forse è il momento di riconsiderare cosa significhi veramente "crescita".
Un altro aspetto fondamentale dell'economia green riguarda la resilienza. In un mondo sempre più imprevedibile a causa dei cambiamenti climatici, delle crisi finanziarie e dei cambiamenti

sociali, la resilienza - la capacità di adattarsi e prosperare di fronte alle avversità - diventa essenziale. Le comunità resilienti sono al centro dell'economia green, poiché rappresentano sistemi che possono affrontare shock e stress senza perdere la loro funzionalità di base.

Infine, ma non meno importante, l'economia green tiene conto dell'intera "biografia" di un prodotto: dalla culla alla tomba. Questo approccio incentrato sul ciclo di vita assicura che ogni fase della produzione e del consumo - dall'estrazione delle materie prime alla produzione, distribuzione, uso e smaltimento - sia realizzata nel modo più sostenibile possibile.

In ogni sua sfaccettatura, l'economia green rappresenta una risposta alle sfide del nostro tempo. Non si tratta solo di proteggere l'ambiente, ma di costruire un mondo in cui l'economia lavora per il benessere di tutti, non solo per pochi. E mentre le sfide sono enormi, le opportunità offerte da un approccio economico green sono altrettanto vaste.

Concludendo, l'economia green rappresenta una delle risposte più complesse e promettenti alle sfide contemporanee. Di fronte a una realtà in cui la crescita a oltranza ha dimostrato di avere limiti, sia dal punto di vista delle risorse che da quello sociale, si delinea un modello economico che aspira a conciliare prosperità con sostenibilità.

Questa economia, intrinsecamente legata alla tutela dell'ambiente, non si ferma solo all'idea di preservare ciò che abbiamo. Va oltre, mirando a creare un sistema che rigeneri e rinnovi. È un'approccio che vede nelle sfide dell'ambiente non solo rischi ma anche opportunità. Una foresta non è solo legno da tagliare, ma un ecosistema da proteggere, un serbatoio di carbonio da preservare, una fonte di biodiversità e un patrimonio per le generazioni future.

La profondità e l'ampiezza dell'economia green la rendono particolarmente adatta a rispondere alle intricati intrecci di crisi ecologiche, sociali e economiche. Il suo punto di forza risiede nel riconoscere e valorizzare le connessioni tra questi diversi ambiti. Invece di cercare soluzioni settoriali, propone una visione integrata che cerca equilibri e sinergie.

Nell'economia green, la nozione tradizionale di valore viene rivisitata e ampliata. Non si tratta più solo di profitto economico, ma di benessere complessivo. Significa riconoscere che un fiume inquinato ha un costo, non solo ecologico ma anche sociale ed economico. Significa comprendere che l'equità e la giustizia sono componenti fondamentali della sostenibilità. Nell'ambito di questo nuovo modello economico, l'innovazione tecnologica e l'ingegnosità umana giocano un ruolo centrale. La transizione verso un'economia green non è solo una questione di limitare o ridurre, ma di reinventare e innovare. Ciò richiede la progettazione di prodotti sostenibili, la creazione di processi produttivi a basso impatto e la valorizzazione delle risorse rinnovabili.

L'economia green, inoltre, riconosce l'importanza di una mentalità collettiva orientata alla sostenibilità. La responsabilità non è solo delle imprese o dei governi, ma anche dei singoli cittadini. L'informazione, l'educazione e la partecipazione sono pilastri essenziali per realizzare questo cambiamento culturale.

In sintesi, l'economia green non rappresenta solo un'alternativa o un'aggiunta all'economia tradizionale. Si tratta di una profonda riconsiderazione di come le società possono organizzarsi, prosperare e evolvere nel rispetto dei limiti naturali del pianeta e dell'equità sociale. Mentre le sfide per realizzare questa visione sono immense, le ricompense - in termini di un pianeta più sano, società più giuste e economie più resilienti - sono imparagonabili. È una prospettiva che offre speranza e direzione in un'epoca di grandi incertezze e rapidi cambiamenti.

2. Storia dell'economia verde: Da dove è nata e come si è evoluta.

Storia dell'economia verde: Da dove è nata e come si è evoluta.

L'economia verde non è un concetto recente, ma piuttosto l'evoluzione di idee e movimenti che hanno preso forma nel corso di decenni, se non secoli. Per comprendere appieno la sua storia, è essenziale analizzare le tappe chiave e gli eventi significativi che hanno plasmato la sua nascita e crescita.

Origini Pre-industriali:

Prima dell'era industriale, molte civiltà avevano una profonda connessione con la terra e riconoscevano l'importanza di vivere in armonia con la natura. Sebbene il concetto moderno di economia verde non esistesse, le pratiche sostenibili erano spesso la norma, dettate dalla necessità e dalla comprensione dei ritmi naturali.

La Rivoluzione Industriale:
Con l'avvento della rivoluzione industriale nel XVIII e XIX secolo, la produzione di massa e l'urbanizzazione portarono a un drastico aumento dell'uso delle risorse e a un impatto ambientale senza precedenti. Se da un lato la rivoluzione industriale portò a progressi significativi, dall'altro accelerò la distruzione ambientale.

Il Movimento Ambientalista del XX secolo:
Nella metà del XX secolo, con l'aumento della consapevolezza dell'inquinamento, della perdita di biodiversità e degli effetti nocivi di alcune pratiche industriali, emerse un forte movimento ambientalista. Opere come "Silent Spring" di Rachel Carson nel 1962 fecero luce sull'impatto negativo dei pesticidi, catalizzando un movimento globale per la tutela dell'ambiente.

Le Crisi Energetiche degli anni '70:
Gli shock petroliferi degli anni '70 portarono a una riflessione profonda sulla dipendenza dai combustibili fossili. Queste crisi stimolarono la ricerca di fonti energetiche alternative e la discussione sulla necessità di un'economia più resiliente e meno dipendente dal petrolio.

Il Concetto di Sviluppo Sostenibile:
Nel 1987, la Commissione mondiale
sull'ambiente e lo sviluppo (nota come
Commissione Brundtland) pubblicò il rapporto
"Our Common Future", introducendo il concetto
di sviluppo sostenibile. Questo concetto
enfatizzava l'importanza di soddisfare le
necessità attuali senza compromettere la capacità
delle future generazioni di soddisfare le proprie.

Gli Accordi e Conferenze Internazionali:
A partire dagli anni '90, la comunità
internazionale ha iniziato a riconoscere
formalmente la necessità di un approccio
sostenibile all'economia. Eventi chiave come il
Summit della Terra di Rio nel 1992 e gli accordi
successivi come il Protocollo di Kyoto nel 1997 e
l'Accordo di Parigi nel 2015 hanno posto le basi
per un impegno globale verso la sostenibilità.

L'Emergere dell'Economia Verde:
Nel XXI secolo, l'idea di un'economia verde ha
guadagnato terreno. Questa visione non solo
enfatizza la protezione dell'ambiente ma vede la
sostenibilità come una leva di crescita
economica. Innovazioni tecnologiche,
investimenti in energie rinnovabili e pratiche
d'affari sostenibili sono diventate centrali in
questo nuovo paradigma.

Nel complesso, l'economia verde rappresenta una risposta alle sfide ambientali, economiche e sociali che il mondo ha affrontato nel corso degli anni. Mentre le sue radici possono essere rintracciate in epoche passate, la sua forma attuale è il risultato di una crescente comprensione della necessità di un modello economico che valorizzi tanto il benessere umano quanto la salute del pianeta.

Mentre il XX secolo si concludeva e il XXI secolo avanzava, la crescente urgenza dei cambiamenti climatici, insieme agli scandali aziendali legati a pratiche ambientali discutibili, ha reso la necessità di un'economia verde sempre più pressante. L'interconnessione tra economia e ambiente è diventata innegabile. Eventi come il disastro petrolifero della Deepwater Horizon nel 2010 hanno messo in evidenza i rischi enormi, sia finanziari che ambientali, delle pratiche industriali non regolamentate.
Parallelamente, la crescente comprensione degli impatti del riscaldamento globale ha sollecitato l'innovazione in molti settori. Ad esempio, il settore automobilistico ha iniziato a spostare l'attenzione dalla produzione di veicoli a combustibile fossile a veicoli elettrici e ibridi. Giganti come Tesla sono emersi come pionieri,

ridefinendo ciò che significa sostenibilità in un settore tradizionalmente dipendente dal petrolio. Un altro aspetto significativo della storia recente dell'economia verde è l'ascesa del concetto di "economia circolare". Questa idea sostiene che, invece di seguire il tradizionale modello lineare di "estrarre, produrre, scartare", le economie dovrebbero cercare di ricircolare e riutilizzare le risorse il più possibile, riducendo così i rifiuti e l'impatto ambientale. Questo ha portato a nuove strategie aziendali che valorizzano la longevità dei prodotti e incentivano il riutilizzo e il riciclo. Le città, in risposta alle crescenti pressioni demografiche e alle sfide ambientali, hanno iniziato a sperimentare concetti come le "città intelligenti" (smart cities), dove la tecnologia viene utilizzata per migliorare l'efficienza energetica, ridurre i rifiuti e migliorare la qualità della vita dei cittadini. Queste città cercano di integrare l'urbanistica, l'energia, i trasporti e la tecnologia dell'informazione in modi innovativi per creare ambienti urbani sostenibili.

Le università e le istituzioni di ricerca, riconoscendo l'importanza dell'economia verde, hanno ampliato i loro programmi di studio per includere la sostenibilità ambientale, l'energia rinnovabile e la gestione sostenibile delle risorse. Questo ha portato a una nuova generazione di pensatori, imprenditori e leader formati con una mentalità green.

In termini di finanza, la crescita degli investimenti sostenibili ha mostrato che gli investitori sono sempre più interessati non solo ai rendimenti finanziari, ma anche all'impatto ambientale, sociale e di governance (ESG) delle loro scelte di investimento. Fondi e indici "verdi" sono emersi, con capitali sempre più orientati verso imprese e progetti che rispettano principi sostenibili.

Anche il settore della moda, tradizionalmente visto come uno dei più inquinanti, ha iniziato a prendere sul serio l'economia verde. Marchi di moda sostenibile e iniziative come la "moda a impatto zero" sono diventati sempre più popolari, con una crescente enfasi sulla trasparenza della catena di approvvigionamento, sull'uso di materiali eco-compatibili e su pratiche etiche di produzione.

Mentre le sfide della crisi climatica diventano sempre più acute, è evidente che l'economia green non è più una semplice scelta ideologica o un lusso, ma una necessità urgente. La storia dell'economia verde, quindi, è una testimonianza del dinamismo e della capacità di adattamento dell'umanità di fronte alle sfide più gravi. È una storia di innovazione, determinazione e speranza, che si intreccia con ogni aspetto della nostra società moderna.

Al di là del mero settore industriale e delle scelte di consumo, l'economia verde ha anche influenzato le politiche pubbliche a livello mondiale. Molte nazioni hanno identificato nella transizione verde non solo una soluzione ai problemi ambientali, ma anche una fonte potenziale di crescita economica e di nuovi posti di lavoro.

L'emergere della Cina come una delle principali economie mondiali è stato particolarmente significativo in questo contesto. Mentre il paese ha vissuto decenni di industrializzazione rapida e spesso non regolamentata, alla fine degli anni 2010 ha iniziato a riconoscere i costi ambientali di tale crescita. Di conseguenza, la Cina ha lanciato ambiziosi piani nazionali per la promozione delle energie rinnovabili, diventando in breve tempo uno dei principali produttori e consumatori di tecnologie green, come i pannelli solari e le turbine eoliche.

Anche l'Africa, un continente con enormi risorse naturali e una crescente popolazione giovane, ha visto emergere iniziative green. Paesi come il Kenya e il Ruanda hanno guidato sforzi nel campo della conservazione della biodiversità, mentre nazioni come il Marocco e l'Egitto hanno investito in grandi progetti di energia solare.
In Europa, la strategia del Green Deal europeo, lanciata dalla Commissione Europea, ha ambiziosi obiettivi per rendere il continente neutro dal punto di vista delle emissioni di carbonio entro il 2050. Questa iniziativa prevede grandi investimenti in infrastrutture verdi, rinnovamento energetico, trasporti sostenibili e agricoltura regenerativa.

Un altro trend interessante è l'ascesa del turismo sostenibile. Con l'incremento delle preoccupazioni ambientali e l'evidente impatto negativo del turismo di massa in alcune destinazioni popolari, si è sviluppato un crescente interesse per forme di turismo che rispettano e valorizzano l'ambiente e le comunità locali. Questo ha portato a nuove offerte e pacchetti che puntano a minimizzare l'impronta ecologica dei viaggiatori e a offrire esperienze più autentiche e rispettose del luogo.

Nel settore alimentare, l'attenzione si è spostata verso la produzione e il consumo sostenibile. Movimenti come quello del cibo a chilometro zero e l'agricoltura biologica e biodinamica hanno guadagnato popolarità, con una crescente domanda di prodotti locali, freschi e sostenibili. L'interesse per diete basate su piante, come il vegetarianismo e il veganismo, è cresciuto notevolmente, anche a causa della consapevolezza dell'impatto ambientale della produzione di carne.

L'educazione, inoltre, ha giocato un ruolo fondamentale nella diffusione della consapevolezza sull'importanza dell'economia verde. Programmi educativi in scuole, università e iniziative comunitarie hanno iniziato a integrare temi legati alla sostenibilità, alla conservazione e all'importanza di un'economia circolare. Questo ha creato una generazione di giovani più informati e impegnati nelle questioni ambientali.

Infine, la tecnologia ha accelerato l'adozione di pratiche green. L'intelligenza artificiale, la blockchain e l'Internet delle Cose sono solo alcune delle tecnologie emergenti che stanno trovando applicazioni nell'ottimizzazione delle risorse, nella tracciabilità dei prodotti, nella gestione dell'energia e nella riduzione dell'impatto ambientale. L'innovazione tecnologica, combinata con una crescente consapevolezza ambientale, ha il potenziale di portare la transizione verde al prossimo livello.

L'economia verde, come concetto e come pratica, è il risultato di una convergenza di fattori storici, culturali, economici e tecnologici. La sua evoluzione è intrinsecamente legata alla crescente consapevolezza dell'umanità dei limiti del nostro pianeta e della necessità di sviluppare modelli economici che siano sia sostenibili sia prosperi.

Dal XIX secolo, con le prime avvisaglie di consapevolezza riguardo ai danni causati dall'industrializzazione, fino alle complesse iniziative del XXI secolo come il Green Deal europeo o le massicce installazioni solari in nazioni come la Cina e l'India, la storia dell'economia verde è una testimonianza dell'adattabilità e dell'ingegnosità umana.

È anche una storia di sfide. La transizione verso un'economia sostenibile ha incontrato resistenze, sia da parte di interessi consolidati sia a causa delle difficoltà tecniche e delle preoccupazioni relative ai costi. Tuttavia, come dimostrano le molteplici iniziative globali e locali, la determinazione a costruire un futuro più verde è cresciuta costantemente.

In particolare, la capacità di integrare le tradizioni culturali con le innovazioni tecnologiche ha giocato un ruolo cruciale. Ad esempio, mentre i principi dell'agricoltura biodinamica possono avere radici in antiche pratiche agricole, sono state le moderne tecniche di coltivazione e produzione a permetterne una diffusione su larga scala. Allo stesso modo, la consapevolezza dei pericoli della deforestazione ha spinto all'adozione di tecniche sostenibili di gestione forestale e alla riforestazione, utilizzando tecnologie avanzate per monitorare e gestire le risorse forestali.

L'evoluzione dell'economia verde, inoltre, ha risposto e si è adattata a mutevoli realtà geopolitiche. Mentre una volta le nazioni industrializzate erano viste come i principali promotori della sostenibilità, ora vediamo nazioni in via di sviluppo, come quelli dell'Africa e dell'Asia, che emergono come leader in specifiche aree della sostenibilità.

Infine, è importante sottolineare che l'economia verde non è un "fine" in sé, ma piuttosto un "mezzo". L'obiettivo ultimo è la coesistenza armoniosa dell'umanità con il mondo naturale, garantendo al contempo benessere, prosperità e giustizia per tutti. La storia dell'economia verde ci offre preziose lezioni su come bilanciare aspirazioni e realtà, innovazione e tradizione, e su come le sfide possono essere trasformate in opportunità attraverso la visione, la determinazione e la collaborazione.

3. I principi fondamentali dell'economia verde: Circular Economy, Sostenibilità, Efficienza Energetica.

Principi Fondamentali dell'Economia Verde
Circular Economy (Economia Circolare)
L'Economia Circolare è un modello economico progettato per ridurre gli sprechi e massimizzare il valore dei beni attraverso la loro intera vita utile. Invece del tradizionale approccio lineare "estrai, usa, elimina", questo sistema prevede la progettazione di prodotti in modo che, alla fine della loro vita utile, possano essere riciclati, riutilizzati o rigenerati.

1. **Riduzione dello spreco**: Al centro dell'economia circolare vi è l'idea di ridurre al minimo i rifiuti. Ciò significa progettare prodotti che durano più a lungo, che possono essere facilmente riparati e che, alla fine della loro vita utile, possono essere smontati per recuperare e riutilizzare i materiali.

2. **Rigenerazione**: Invece di considerare i rifiuti come qualcosa da eliminare, l'economia circolare vede l'opportunità di trasformarli in risorse. Ciò potrebbe includere la compostaggio di materiali organici o la conversione di rifiuti in energia attraverso processi come la pirolisi.

3. **Progettazione per il futuro**: Nel modello circolare, la fase di progettazione è cruciale. I prodotti sono creati pensando al loro intero ciclo di vita, garantendo che ogni componente possa essere riutilizzato o riciclato.

Sostenibilità

La sostenibilità è il principio di garantire che le risorse siano utilizzate in modo da soddisfare le esigenze attuali senza compromettere la capacità delle future generazioni di soddisfare le loro. Si tratta di un equilibrio tra crescita economica, integrità ambientale e giustizia sociale.

1. **Gestione delle risorse**: Utilizzare le risorse in modo responsabile significa sfruttare la natura senza esaurire i suoi beni o danneggiare gli ecosistemi. Questo può includere pratiche come l'agricoltura sostenibile o la pesca responsabile.
2. **Economia inclusiva**: La sostenibilità non riguarda solo l'ambiente, ma anche le persone. Una vera economia verde deve garantire che la crescita economica benefici tutti, riducendo le disuguaglianze e promuovendo l'equità.
3. **Resilienza**: La sostenibilità implica anche la capacità di adattarsi e resistere alle sfide, come i cambiamenti climatici o le crisi economiche. Le società sostenibili sono quelle che possono affrontare questi shock e recuperare rapidamente.

Efficienza Energetica

L'efficienza energetica si riferisce all'uso ottimizzato dell'energia per ottenere lo stesso risultato. Questo principio è fondamentale per l'economia verde, poiché consente di ridurre i consumi energetici e, di conseguenza, le emissioni di gas serra.

1. **Riduzione dei consumi**: Le tecnologie e le pratiche efficienti dal punto di vista energetico, come l'isolamento delle abitazioni o gli elettrodomestici ad alta efficienza, possono ridurre significativamente la quantità di energia richiesta per le normali attività quotidiane.

2. **Riduzione dei costi**: Usare meno energia non solo beneficia l'ambiente, ma riduce anche le bollette energetiche per le imprese e le famiglie.
3. **Innovazione tecnologica**: L'efficienza energetica spesso si traduce in innovazioni tecnologiche. Nuovi materiali, processi produttivi e design possono emergere dalla ricerca e sviluppo focalizzata sull'efficienza.

In conclusione, questi tre principi – l'economia circolare, la sostenibilità e l'efficienza energetica – sono pilastri dell'economia verde. Lavorando insieme, creano un modello economico che può promuovere la prosperità mentre protegge il nostro pianeta.

Mentre la definizione di questi principi fondamentali dell'economia verde può sembrare lineare, la loro attuazione nella pratica è un processo complesso e multifacetico. Il raggiungimento di una vera economia verde necessita di un cambio di mentalità a tutti i livelli: dai singoli consumatori, alle imprese, fino ai governi.

Prendendo ad esempio l'economia circolare, va notato che essa non riguarda solo la riduzione dei rifiuti, ma implica anche una revisione completa dei modelli di business. Le imprese possono adottare modelli di affari basati sul "servizio" piuttosto che sulla "vendita". Ad esempio, invece di vendere una lavatrice, un'azienda potrebbe "affittarla", garantendo manutenzione e aggiornamenti, e alla fine della vita utile del prodotto, riprenderla per riciclarne i componenti. Questo modello non solo incoraggia la longevità del prodotto, ma assicura anche che i materiali vengano recuperati e riutilizzati.

La sostenibilità, spesso associata principalmente all'ambiente, ha in realtà profonde implicazioni sociali. Oltre a garantire che le risorse naturali siano gestite in modo sostenibile, le pratiche sostenibili devono garantire che le persone, in particolare quelle nelle comunità vulnerabili, non siano sfruttate. Questo significa assicurarsi che le catene di approvvigionamento siano trasparenti, che i lavoratori ricevano salari equi e che le comunità locali beneficino delle risorse naturali del loro territorio. La sostenibilità, quindi, è tanto una questione di diritti umani quanto di conservazione ambientale.

L'efficienza energetica, sebbene spesso associata a lampadine a risparmio energetico o elettrodomestici ad alta efficienza, ha in realtà un potenziale molto più ampio. Città e infrastrutture possono essere riprogettate per massimizzare l'efficienza. Ad esempio, gli edifici possono essere costruiti o ristrutturati per sfruttare al meglio la luce naturale, riducendo la necessità di illuminazione artificiale. I trasporti pubblici possono essere ottimizzati per ridurre i tempi di viaggio e l'uso di combustibili fossili. E le reti energetiche possono essere aggiornate per distribuire l'energia in modo più efficiente e integrare fonti di energia rinnovabile.

Questi principi, mentre forniscono una guida per la transizione verso un'economia più verde, sono in realtà solo la punta dell'iceberg. Dietro ogni principio c'è una miriade di sfide e opportunità. Ogni nazione, regione o comunità avrà le sue uniche sfide nel tentativo di attuare questi principi. Tuttavia, ciò che è chiaro è che il movimento verso un'economia verde non è solo una necessità ecologica, ma anche una grande opportunità economica. Le innovazioni che emergono da questo movimento possono guidare la crescita economica del futuro, creando posti di lavoro e migliorando la qualità della vita per tutti.

Al di là delle definizioni e delle implementazioni immediate, i principi dell'economia verde sono radicati in una visione più ampia della società e del suo rapporto con l'ambiente. Approfondendo ulteriormente questi concetti, possiamo individuare come si intrecciano con molteplici aspetti della nostra vita quotidiana.

Nell'ambito dell'economia circolare, ad esempio, emerge l'importanza dell'educazione e della consapevolezza del consumatore. Un consumatore informato può esercitare una pressione significativa sul mercato, scegliendo prodotti progettati per la durata, la riparabilità e il riciclo. Questa domanda di prodotti più sostenibili può quindi spingere le aziende a innovare e ripensare il modo in cui progettano, producono e vendono i loro beni. Inoltre, l'adozione di principi circolari può anche portare a una rinascita di mestieri e competenze quasi dimenticati, come la riparazione e il riuso, creando opportunità economiche nelle comunità locali.

Nel contesto della sostenibilità, va considerato come questo principio si intrecci con la governance e la politica. Una vera sostenibilità richiede la collaborazione tra settori pubblici e privati. Ad esempio, le politiche governative possono incentivare pratiche sostenibili attraverso sgravi fiscali, sovvenzioni o regolamenti. Queste politiche possono essere influenzate dalla pressione pubblica, dalle campagne di sensibilizzazione e dai movimenti di base. Inoltre, la sostenibilità ha anche una dimensione globale. Poiché molte delle sfide, come il cambiamento climatico, sono transnazionali, la cooperazione internazionale diventa essenziale.

L'efficienza energetica, sebbene tecnica nella sua essenza, ha profonde implicazioni culturali. La nostra attuale dipendenza dai combustibili fossili non è solo il risultato di decisioni tecnologiche o economiche, ma è anche radicata in modelli culturali di consumo e produzione. Riconsiderare la nostra relazione con l'energia significa anche riconsiderare come viviamo, lavoriamo e interagiamo con il mondo intorno a noi. Potrebbe significare una rinascita delle comunità locali, dove la produzione e il consumo di energia avvengono più vicino a casa. O potrebbe significare una maggiore enfasi sull'autosufficienza, con case e imprese che producono la propria energia attraverso il solare o altre fonti rinnovabili.

Inoltre, queste tendenze possono anche spingere verso l'emergere di nuovi modelli economici. Ad esempio, le monete locali o i sistemi di scambio potrebbero diventare più comuni man mano che le comunità cercano di ridurre la loro impronta carbonica e di creare economie più resilienti e autosufficienti.

Tutto ciò dimostra che, mentre i principi dell'economia verde possono sembrare specifici e focalizzati, in realtà sono profondamente intrecciati con quasi ogni aspetto della società moderna. Rappresentano non solo una serie di pratiche o politiche, ma una visione del mondo e un set di valori che mettono la sostenibilità, l'equità e il benessere a lungo termine al centro dell'agenda economica.

I principi fondamentali dell'economia verde non sono semplici slogan o concetti astratti, ma rappresentano un cambio di paradigma profondo e necessario nell'approccio alla crescita economica e allo sviluppo. Al centro di questo nuovo paradigma c'è il riconoscimento che le risorse del nostro pianeta sono finite e che il modello economico lineare, basato sull'estrazione, produzione, consumo e smaltimento, non è sostenibile a lungo termine. Inoltre, con l'accelerazione dei cambiamenti climatici e la crescente disuguaglianza sociale, è sempre più evidente che l'economia tradizionale non riesce a rispondere alle esigenze emergenti dell'umanità e dell'ambiente.

L'economia circolare propone un modello in cui il valore dei prodotti, dei materiali e delle risorse viene mantenuto nell'economia il più a lungo possibile, e la produzione di rifiuti viene ridotta al minimo. Questo implica un ripensamento radicale del modo in cui progettiamo, produciamo e utilizziamo i beni. Allo stesso tempo, la sostenibilità si pone come obiettivo la realizzazione di un equilibrio tra le necessità attuali e future, assicurando che le azioni di oggi non compromettano le possibilità delle generazioni future. L'efficienza energetica, infine, ci ricorda che l'energia è una risorsa preziosa e che dobbiamo utilizzarla nel modo più produttivo possibile, riducendo al contempo la nostra dipendenza dai combustibili fossili.

La combinazione di questi principi porta alla creazione di un modello economico che non solo è rispettoso dell'ambiente, ma che può anche offrire nuove opportunità economiche e lavorative. Pensare in termini di economia verde significa riconoscere l'interconnessione tra le sfere economica, sociale ed ecologica e agire in modo che le decisioni prese in un'area supportino gli obiettivi in un'altra.

Concludendo, è essenziale comprendere che l'adozione di un'economia verde non è un compito semplice o immediato. Richiede volontà politica, innovazione tecnologica, investimenti finanziari e, soprattutto, un cambiamento nella mentalità collettiva. Tuttavia, i benefici di una transizione verso un'economia più sostenibile, circolare ed efficiente dal punto di vista energetico sono immensi. Non solo offrirebbe una soluzione ai gravi problemi ambientali del nostro tempo, ma potrebbe anche portare a una società più giusta, equa e prospera per tutti.

4. Le sfide ambientali odierne: Cambiamenti climatici, inquinamento, deforestazione.

Le sfide ambientali odierne: Cambiamenti climatici, inquinamento, deforestazione. Le sfide ambientali del nostro tempo sono complesse, interconnesse e richiedono soluzioni innovative e una cooperazione globale senza precedenti. Di seguito esaminiamo tre delle sfide più pressanti: i cambiamenti climatici, l'inquinamento e la deforestazione.

Cambiamenti climatici Il cambiamento climatico, causato principalmente dall'incremento dei gas serra nell'atmosfera a causa delle attività umane, è una delle minacce più gravi e pervasive per il nostro pianeta. Le sue conseguenze includono:

- **Aumento delle temperature globali:** Gli scienziati prevedono che le temperature continueranno a salire se non vengono intraprese azioni significative per ridurre le emissioni di gas serra.

- **Innalzamento del livello del mare:** A causa della fusione dei ghiacciai e delle calotte polari e dell'espansione termica degli oceani.
- **Eventi meteorologici estremi:** Cicloni, uragani, inondazioni, siccità e ondate di calore stanno diventando più frequenti e intensi.
- **Impatto sulla biodiversità:** Molti ecosistemi e specie sono a rischio a causa dei cambiamenti nelle loro habitat naturali.

Inquinamento L'inquinamento, sia atmosferico che idrico, è una sfida globale che influisce sulla salute di miliardi di persone e su ecosistemi interi.

- **Inquinamento atmosferico:** Causato principalmente da veicoli, industrie e combustione di combustibili fossili. Oltre ai problemi respiratori negli esseri umani, può causare piogge acide e smog, danneggiando foreste, laghi e colture.
- **Inquinamento dell'acqua:** Causato da scarichi industriali, agricoltura, rifiuti domestici e pratiche insostenibili. Questo porta alla morte di specie acquatiche, compromette la sicurezza dell'acqua potabile e influenza la catena alimentare.
- **Rifiuti plastici:** Gli oceani sono particolarmente colpiti dall'inquinamento plastico, con stime che indicano che potrebbero contenere più plastica che pesci entro il 2050.

Deforestazione La deforestazione rappresenta la distruzione o la diminuzione delle foreste, principalmente a causa delle attività umane come l'agricoltura, l'estrazione mineraria e l'espansione urbana.

- **Perdita di biodiversità:** Le foreste ospitano oltre l'80% della biodiversità terrestre. La loro distruzione comporta la perdita di habitat per milioni di specie.
- **Impatto sul cambiamento climatico:** Le foreste agiscono come "polmoni" del pianeta, assorbendo anidride carbonica e rilasciando ossigeno. La loro distruzione accelera i cambiamenti climatici.
- **Impatto sulle comunità indigene:** Molte comunità dipendono dalle foreste per la loro sopravvivenza, cultura e spiritualità.

Queste sfide sono interconnesse e spesso si rafforzano a vicenda. Ad esempio, il cambiamento climatico può exacerbare i problemi di inquinamento e la deforestazione può accelerare i cambiamenti climatici. Tuttavia, con una cooperazione globale, innovazioni tecnologiche e cambiamenti nei comportamenti individuali e collettivi, è possibile affrontare e superare queste sfide. Il passaggio a un'economia verde, basata sui principi di sostenibilità, economia circolare ed efficienza energetica, rappresenta una via d'uscita promettente per mitigare e, in alcuni casi, invertire i danni ambientali.

Le sfide ambientali affrontate oggi non sono solamente il risultato di una mancanza di consapevolezza o di politiche inadeguate; sono spesso il riflesso di una mentalità e di un sistema di valori che ha priorizzato la crescita economica a scapito dell'ambiente e delle generazioni future. Questa mentalità è radicata in secoli di progresso industriale, durante i quali l'umanità ha sfruttato le risorse naturali con poca attenzione alle conseguenze a lungo termine.

Oltre alle evidenti minacce legate ai cambiamenti climatici, all'inquinamento e alla deforestazione, ci sono altre sfide ambientali che meritano attenzione. Una di queste è l'erosione del suolo. Anni di pratiche agricole insostenibili, come la monocultura e l'uso eccessivo di fertilizzanti chimici, hanno portato all'impoverimento dei terreni. La perdita di terreni fertili non solo compromette la produzione alimentare, ma contribuisce anche alla perdita di biodiversità, dato che numerosi microorganismi e insetti dipendono da un terreno sano.
Un'altra sfida significativa è la riduzione della copertura nevosa e glaciale. Questa non solo

influisce sul rilascio di acqua dolce nelle regioni montane, ma ha anche un impatto sul bilancio energetico globale. Le superfici bianche, come neve e ghiaccio, riflettono una grande quantità di radiazione solare nello spazio. La loro diminuzione significa che più energia solare viene assorbita dalla Terra, accelerando il riscaldamento.

Poi c'è la questione dell'acidificazione degli oceani, risultato dell'aumento dei livelli di CO_2 nell'atmosfera. Gli oceani assorbono circa un quarto delle emissioni globali di CO_2, portando a un aumento dell'acidità dell'acqua. Ciò ha ripercussioni dirette sugli organismi marini, specialmente quelli che formano gusci calcarei come coralli, molluschi e alcuni tipi di plancton. La perdita di biodiversità è un'altra sfida che va al di là della semplice deforestazione. Ogni anno, migliaia di specie vanno estinte a causa della distruzione del loro habitat, dell'inquinamento, dei cambiamenti climatici e di altre minacce. La biodiversità non è solo una questione di conservazione; è essenziale per la resilienza degli ecosistemi e per la sicurezza alimentare.

Il sovrasfruttamento delle risorse, come la pesca
eccessiva, è un altro problema emergente. Molte
specie di pesci sono ora a rischio a causa della
pesca industriale, che spesso utilizza metodi
distruttivi come le reti a strascico.

Infine, l'espansione urbana continua a mettere
pressione sugli ecosistemi naturali. Man mano
che le città crescono, consumano più risorse,
generano più rifiuti e alterano i flussi naturali di
acqua e nutrienti. Le città, tuttavia, hanno anche
il potenziale per essere centri di innovazione e
soluzioni sostenibili, se progettate e gestite
correttamente.

L'urbanizzazione accelerata ha portato alla
creazione di "isole di calore" nelle città. Questi
sono aree urbane in cui le temperature sono
significativamente più alte rispetto alle aree
rurali circostanti a causa dell'assorbimento e
ritenzione di calore da parte di edifici, asfalto e
altre superfici artificiali. Questo fenomeno non
solo aumenta il consumo di energia per la
climatizzazione, ma può anche avere gravi effetti
sulla salute pubblica, specialmente durante le
ondate di calore.

La crescente domanda di acqua è un'altra sfida
critica. Le riserve globali di acqua dolce sono
sotto pressione a causa dell'uso eccessivo nelle
agricolture, industrie e famiglie. Le falde

acquifere in molte parti del mondo stanno diminuendo a un ritmo preoccupante, mentre l'inquinamento di fiumi e laghi riduce ulteriormente le risorse idriche disponibili. L'acqua, spesso definita "l'oro blu" del 21° secolo, potrebbe diventare una fonte di conflitti nel futuro se non vengono trovate soluzioni sostenibili per la sua gestione.

Nel contesto industriale, la crescente produzione di rifiuti elettronici è una questione emergente. Smartphone, computer e altri dispositivi elettronici contengono sostanze chimiche tossiche che, se non smaltite correttamente, possono contaminare il suolo e le risorse idriche. Mentre l'innovazione tecnologica progredisce a ritmo sostenuto, le politiche e le infrastrutture per la gestione dei rifiuti elettronici non riescono a tenere il passo.

Le questioni legate all'energia non possono essere trascurate. L'estrazione e l'utilizzo di combustibili fossili non solo contribuiscono ai cambiamenti climatici, ma portano anche a una serie di problemi ambientali a livello locale, come l'inquinamento dell'aria e le catastrofi legate alle trivellazioni petrolifere. La corsa alle risorse in aree precedentemente inesplorate, come l'Artico, presenta ulteriori rischi ambientali.

La migrazione causata dai cambiamenti climatici è un altro tema che sta emergendo con forza. Con l'innalzamento del livello del mare, le popolazioni che vivono in aree costiere basso potrebbero essere costrette a spostarsi. Ciò potrebbe portare a tensioni sociali, economiche e politiche, poiché le comunità e le nazioni devono affrontare le sfide legate all'accoglienza e all'integrazione di grandi gruppi di migranti.

Poi c'è la questione dell'educazione ambientale. Mentre la consapevolezza dei problemi ambientali è in aumento, vi è ancora una mancanza diffusa di comprensione profonda e un'azione concreta da parte di individui, comunità e governi. L'educazione, in tutte le sue forme, ha il potere di trasformare le mentalità e ispirare azioni a favore dell'ambiente.
Questi problemi, seppur intimidatori, offrono anche opportunità. Ogni sfida porta con sé la possibilità di innovazione, collaborazione e crescita. Ma affrontare con successo queste sfide richiede una profonda riflessione sul tipo di società che desideriamo creare e sul ruolo che ognuno di noi può svolgere per costruirla.

Le sfide ambientali che affrontiamo oggi sono il risultato di secoli di decisioni prese da individui, comunità e nazioni, molte delle quali basate su una comprensione limitata dell'ecosistema terrestre e del nostro posto al suo interno. Ciononostante, le implicazioni di tali decisioni sono oggi cristalline: un pianeta sotto pressione, con risorse che si esauriscono, habitat in declino e un clima in rapido cambiamento.

Il cambiamento climatico, che ha attirato l'attenzione mondiale per la sua portata e le sue implicazioni, è una testimonianza dell'influenza umana sul pianeta. Con l'innalzamento delle temperature globali, stiamo già assistendo a eventi climatici estremi più frequenti e intensi, dall'aumento dei livelli del mare che minacciano le comunità costiere, alle ondate di calore che mettono a rischio la salute pubblica e gli ecosistemi agricoli. La risposta a questo fenomeno non è solo tecnologica o politica, ma anche culturale: è essenziale che le persone comprendano la propria responsabilità e si mobilitino per un cambiamento.

L'inquinamento, in tutte le sue forme – aria, acqua, suolo – continua a minacciare la salute delle persone e degli ecosistemi. Dalla plastica negli oceani ai gas serra nell'atmosfera, l'urgenza di risolvere questi problemi non può essere sottovalutata. Ogni anno, milioni di persone soffrono a causa dell'esposizione a inquinanti tossici, e la biodiversità è compromessa come mai prima d'ora.

La deforestazione, pur essendo un problema antico, ha acquisito una nuova urgenza nell'era moderna. Le foreste non sono solo serbatoi di biodiversità; sono anche fondamentali per la regolazione del clima e per sostenere molte comunità indigene. La perdita di queste aree verdi ha ripercussioni ben oltre la semplice diminuzione del numero di alberi: incide sul ciclo dell'acqua, sulla qualità dell'aria e sulle tradizioni e sulle culture che si basano su queste terre. Tuttavia, è importante sottolineare che non tutto è perduto. Ogni sfida presenta anche un'opportunità. La crisi ambientale ha stimolato innovazioni incredibili nei campi della scienza, della tecnologia e della politica. Dall'energia rinnovabile alla conservazione della biodiversità, vi sono innumerevoli esempi di progressi fatti nell'affrontare questi problemi. L'economia verde, come concetto e pratica, sta emergendo come una potente risposta ai dilemmi ecologici. Attraverso una combinazione di sensibilizzazione, innovazione e azione collettiva, c'è la speranza di costruire un futuro più sostenibile, in cui le persone e il pianeta prosperano in armonia.

5. La transizione energetica: Da combustibili fossili a energie rinnovabili.

La transizione energetica: Da combustibili fossili a energie rinnovabili.

La transizione energetica rappresenta uno degli sviluppi più critici e ambiziosi del XXI secolo. Si tratta del passaggio da un sistema dominato da combustibili fossili, come petrolio, carbone e gas naturale, a fonti di energia rinnovabile, come il solare, eolico, idroelettrico e geotermico. Questa transizione è spinta sia da considerazioni ambientali che da imperativi economici e geopolitici.

Origini della Dipendenza dai Combustibili Fossili

L'era industriale ha segnato l'inizio di una crescente dipendenza dai combustibili fossili. Con l'invenzione della macchina a vapore e, successivamente, del motore a combustione interna, il carbone e il petrolio sono diventati i pilastri dell'industrializzazione, alimentando fabbriche, veicoli e, in seguito, centrali elettriche. Queste risorse, essendo abbondanti e relativamente economiche, hanno alimentato un rapido sviluppo economico, ma hanno anche portato a gravi conseguenze ambientali e sociali.

Urgenza della Transizione

Con l'aumento delle emissioni di gas serra, principalmente a causa della combustione di combustibili fossili, la questione del riscaldamento globale è diventata preponderante. La necessità di ridurre queste emissioni per evitare gravi cambiamenti climatici ha portato all'Accordo di Parigi nel 2015, in cui 196 paesi si sono impegnati a limitare l'aumento della temperatura media globale ben al di sotto dei 2°C rispetto ai livelli preindustriali.

Oltre alle preoccupazioni ambientali, ci sono anche motivazioni economiche e geopolitiche. I combustibili fossili sono risorse finite e, in molte regioni, l'accesso a queste risorse è motivo di tensioni e conflitti. Inoltre, la volatilità dei prezzi del petrolio ha spesso portato a crisi economiche.

Le Energie Rinnovabili in Ascesa

Gli ultimi decenni hanno visto una rapida crescita delle tecnologie rinnovabili. Il costo dei pannelli solari è diminuito drasticamente, rendendo l'energia solare competitiva rispetto ai combustibili fossili in molte regioni. L'energia eolica, sia onshore che offshore, ha visto progressi simili. La geotermia, l'energia delle maree e l'energia idroelettrica offrono soluzioni basate sulla posizione geografica.

Queste fonti di energia hanno il vantaggio di avere costi operativi bassi, di non emettere gas serra e di ridurre la dipendenza da importazioni energetiche. Le energie rinnovabili possono anche creare posti di lavoro, stimolare l'innovazione e promuovere la sovranità energetica.

Sfide della Transizione

Nonostante il potenziale, la transizione verso le rinnovabili presenta sfide. L'integrazione di fonti di energia intermittente nella rete richiede soluzioni di storage come le batterie. La transizione richiede anche notevoli investimenti in infrastrutture, formazione e ricerca. Inoltre, mentre alcune regioni possono beneficiare economicamente, altre, dipendenti dalla produzione o esportazione di combustibili fossili, potrebbero affrontare sfide economiche.

Conclusione

La transizione energetica è un compito monumentale che richiede la collaborazione di governi, imprese e cittadini. Se gestita correttamente, può portare a un mondo più pulito, sicuro e prospero, ma richiede visione, determinazione e azione collettiva. La posta in gioco non è mai stata così alta, ma neanche le opportunità.

La transizione energetica rappresenta un profondo cambiamento non solo nell'approvvigionamento energetico, ma anche nella struttura sociale, economica e politica delle nazioni. Questa transizione va vista attraverso molteplici sfaccettature e impatti che porta con sé.

Decentralizzazione della Produzione Energetica

Con la diffusione delle tecnologie rinnovabili, specialmente solare ed eolica, assistiamo a una crescente decentralizzazione della produzione energetica. Contrariamente alle grandi centrali a combustibili fossili, l'energia rinnovabile può essere prodotta localmente, a livello di singoli edifici o comunità. Questo porta a una democratizzazione dell'energia, dove le famiglie e le comunità locali hanno un ruolo più attivo nella produzione e nella distribuzione dell'energia, riducendo la dipendenza da grandi entità o stati.

Innovazioni Tecnologiche e Digitalizzazione

L'integrazione di rinnovabili intermittenti nella rete richiede avanzate soluzioni tecnologiche. Ciò ha stimolato lo sviluppo di soluzioni innovative, dalla gestione della domanda, alla digitalizzazione della rete, all'intelligenza artificiale per prevedere la produzione e il consumo energetico. Gli smart grid, o reti intelligenti, rappresentano un esempio di come la tecnologia possa ottimizzare l'uso dell'energia, gestendo le risorse in modo efficiente.

Implicazioni Sociali

Mentre la transizione energetica può creare nuovi posti di lavoro, c'è anche la preoccupazione della perdita di lavori nei settori tradizionali dei combustibili fossili. Questo richiede piani di "giusta transizione", che mirano a supportare i lavoratori e le comunità colpite dalla transizione attraverso la formazione, la ricollocazione e il sostegno economico.

Economia dell'Idrogeno

Un'altra frontiera emergente nella transizione energetica è l'economia dell'idrogeno. L'idrogeno può fungere da vettore energetico, immagazzinando energia e fornendo una soluzione per settori difficili da decarbonizzare, come l'industria pesante e l'aviazione.

Implicazioni Geopolitiche

La crescente adozione di energie rinnovabili potrebbe ridurre la dipendenza da paesi esportatori di petrolio e gas, modificando le dinamiche geopolitiche globali. Paesi tradizionalmente ricchi di risorse come l'Arabia Saudita o la Russia potrebbero vedere il loro potere e influenza diminuire, mentre altri paesi potrebbero guadagnare importanza grazie alla produzione di tecnologie rinnovabili o alla disponibilità di minerali rari utilizzati in queste tecnologie.

Investimenti e Finanza

La transizione energetica richiede ingenti investimenti. Le banche, le istituzioni finanziarie e gli investitori stanno diventando sempre più sensibili ai rischi legati al clima e stanno riorientando i loro portafogli verso investimenti più sostenibili. Questo sposta capitali dai combustibili fossili verso tecnologie pulite, ma pone anche nuove domande sulla valutazione dei rischi e sulle strategie di investimento.

Nel complesso, la transizione energetica rappresenta un'opportunità senza precedenti di ridefinire il nostro sistema energetico, ma comporta anche profonde sfide che richiedono una visione lungimirante e una gestione oculata da parte di tutte le parti coinvolte.

L'importanza della Conservazione e dell'Efficienza Energetica

Parallelamente al passaggio alle fonti rinnovabili, la conservazione dell'energia e l'efficienza energetica svolgono un ruolo fondamentale nella transizione energetica. Utilizzare l'energia in modo più efficiente significa avere bisogno di meno energia per svolgere le stesse funzioni, riducendo ulteriormente la dipendenza dai combustibili fossili. L'isolamento termico delle abitazioni, l'uso di apparecchi elettrici ad alta efficienza e la progettazione urbana intelligente sono solo alcuni dei modi per raggiungere una maggiore efficienza energetica.

Ruolo delle Comunità Locali

Le comunità locali stanno diventando sempre più protagoniste nel panorama della transizione energetica. Dall'installazione di micro-reti alimentate da fonti rinnovabili, alla partecipazione in programmi di condivisione dell'energia e iniziative di finanziamento collettivo, le comunità hanno dimostrato che la decentralizzazione dell'energia non è solo possibile, ma può anche portare a una maggiore resilienza e indipendenza energetica.

Ricerca e Sviluppo

La continua ricerca e sviluppo nel campo dell'energia è essenziale per accelerare la transizione. Mentre le tecnologie esistenti come il solare e l'eolico hanno già fatto passi da gigante, c'è un'enorme potenziale in nuove aree come l'energia delle onde, l'energia da fusione, le batterie di nuova generazione e le biotecnologie per la produzione di biocarburanti avanzati.

L'Impatto sulle Reti di Trasmissione e Distribuzione

Le reti elettriche tradizionali sono state progettate intorno a grandi centrali elettriche centralizzate. Con l'aumento delle energie rinnovabili distribuite, come il solare fotovoltaico sui tetti delle case, le reti devono adattarsi a una generazione più variabile e decentralizzata. Questo presenta sfide in termini di gestione della rete e richiede nuove infrastrutture, come sistemi di storage e soluzioni di gestione della domanda.

Educazione e Consapevolezza Pubblica

Per sostenere e accelerare la transizione energetica, è essenziale che il pubblico sia ben informato e coinvolto. L'educazione sulle questioni legate all'energia, sia nelle scuole che tra il pubblico generale, può aiutare a creare un sostegno per le politiche necessarie e stimolare l'adozione di comportamenti sostenibili.

Modello di Business in Evoluzione

Con la crescente penetrazione delle energie rinnovabili, i modelli di business tradizionali nel settore energetico stanno cambiando. Ad esempio, le compagnie elettriche stanno diventando sempre più fornitori di servizi energetici piuttosto che semplici venditori di elettricità. Questo può includere servizi come la gestione dell'energia, soluzioni di efficienza energetica e piattaforme di condivisione dell'energia.

Questi aspetti rappresentano solo una parte della complessità e delle sfaccettature della transizione energetica. Essendo una delle principali sfide del nostro tempo, richiede una comprensione profonda e una visione olistica per guidare la società verso un futuro energetico più sostenibile.

Risvolti Regolatori e Politici

Il contesto normativo e politico gioca un ruolo essenziale nel facilitare o ostacolare la transizione energetica. Le politiche di incentivo, come i crediti d'imposta per l'installazione di pannelli solari o le tariffe di feed-in per l'energia prodotta, possono stimolare investimenti in fonti rinnovabili. Allo stesso modo, le normative che fissano standard di efficienza per gli edifici o i veicoli possono indirizzare il mercato verso soluzioni più sostenibili.

Interconnessioni e Collaborazione Internazionale

Con l'incremento della produzione di energia da fonti rinnovabili, l'interconnessione tra le reti nazionali diventa sempre più importante. Questo perché le fonti rinnovabili, come il solare e l'eolico, sono spesso intermittenti. Collegare le reti permette di equilibrare l'offerta e la domanda su un'area più vasta. Inoltre, la collaborazione internazionale può facilitare la condivisione di best practices, tecnologie e risorse finanziarie.

Il Futuro della Mobilità

La transizione energetica influisce profondamente sul settore dei trasporti. L'elettrificazione dei veicoli sta guadagnando terreno, con un numero crescente di veicoli elettrici (VE) sulle strade. Questa trasformazione non solo riduce le emissioni dirette, ma, combinata con una rete alimentata da rinnovabili, potrebbe portare a un sistema di trasporto quasi completamente decarbonizzato. Oltre ai VE, si stanno esplorando altre soluzioni come i biocarburanti, l'idrogeno e i trasporti pubblici alimentati a energia pulita.

Rischi e Resilienza

Mentre la transizione energetica presenta molteplici benefici, porta anche nuovi rischi. Ad esempio, una maggiore dipendenza dalle fonti rinnovabili intermittenti potrebbe aumentare la vulnerabilità a condizioni climatiche avverse o eventi naturali. Di conseguenza, la resilienza delle reti e la capacità di adattarsi rapidamente a cambiamenti imprevisti diventano cruciali.

Economia Circolare e Energetica

L'economia circolare, che mira a minimizzare gli sprechi e ottimizzare l'uso delle risorse, ha un impatto diretto sulla produzione e sul consumo di energia. Concetti come la cogenerazione, dove il calore residuo dalla produzione di elettricità viene utilizzato per altri scopi, o il riciclaggio delle batterie, sono esempi di come i principi circolari possono essere incorporati nel settore energetico.

Cambiamenti nel Paesaggio Urbano

L'evoluzione delle fonti energetiche e delle tecnologie ha un impatto visibile sul paesaggio urbano. Dalle stazioni di ricarica per veicoli elettrici, ai tetti verdi, ai parchi eolici urbani, le città stanno diventando un crogiuolo di innovazione energetica. Questi cambiamenti non solo migliorano l'efficienza e la sostenibilità, ma possono anche influenzare positivamente la qualità della vita, riducendo l'inquinamento e creando spazi urbani più vivibili.

La profondità e la portata della transizione energetica sono immense, influenzando quasi ogni aspetto della società e richiedendo una visione integrata e multidisciplinare per navigare con successo in questo nuovo paradigma.

La transizione energetica rappresenta una delle rivoluzioni più profonde e significative del nostro tempo. Il passaggio dai combustibili fossili alle energie rinnovabili non è solo una questione tecnica o economica, ma incide anche sulla nostra società, sull'economia e sul tessuto stesso delle nostre comunità.

Tutto inizia con il riconoscimento delle sfide ambientali e climatiche. L'urgenza di combattere il cambiamento climatico e la crescente comprensione degli impatti ambientali legati all'estrazione e all'uso dei combustibili fossili

hanno sollecitato la ricerca di alternative.
Fortunatamente, gli sviluppi tecnologici nel
campo delle energie rinnovabili, combinati con la
diminuzione dei costi di produzione e
installazione, hanno reso soluzioni come il solare
e l'eolico competitivi e attrattivi.
Tuttavia, la transizione non è esente da sfide.
Oltre alla necessità di infrastrutture e tecnologie
avanzate, ci sono barriere politiche, economiche
e sociali. Mentre alcuni settori o regioni possono
resistere al cambiamento per la paura delle
perdite economiche o lavorative, altri possono
abbracciarlo in cerca di innovazione e
opportunità.
Il ruolo dei regolatori e dei decisori politici è
centrale in questo contesto. Possono creare un
ambiente favorevole mediante incentivi,
normative, investimenti in ricerca e sviluppo e
programmi di formazione per i lavoratori. Allo
stesso tempo, l'educazione e la sensibilizzazione
del pubblico possono creare una domanda di
soluzioni energetiche più pulite e sostenibili,
accelerando ulteriormente la transizione.
La mobilità, uno dei settori più energivori, sta già
assistendo a un cambio di paradigma con l'ascesa
dei veicoli elettrici e la ricerca di carburanti
alternativi. Il concetto di resilienza, legato all'idea
di creare sistemi energetici in grado di resistere e
adattarsi a shock e stress, guiderà le future

decisioni in materia di infrastruttura e investimenti.

In conclusione, la transizione energetica è una complessa tessitura di innovazioni tecnologiche, imperativi ambientali, sfide politiche ed economiche e aspirazioni sociali. Questa trasformazione, se gestita correttamente, ha il potenziale non solo di proteggere il nostro pianeta dalle gravi minacce del cambiamento climatico, ma anche di portare a una nuova era di prosperità, equità e sostenibilità. E mentre le sfide sono enormi, le opportunità che emergono dalla transizione verso un futuro energetico più verde sono infinite.

6. Ruolo della tecnologia: Come la tecnologia può accelerare la transizione verso un'economia verde.

Ruolo della Tecnologia nella Transizione Verde

La tecnologia, con le sue rapide evoluzioni e innovazioni, è diventata una forza motrice centrale nel plasmare e accelerare la transizione verso un'economia verde. Mentre ci sforziamo di ridurre le nostre impronte carboniche e di affrontare sfide ambientali urgenti, la tecnologia emerge come un potente alleato. Di seguito vengono illustrati alcuni modi chiave in cui la tecnologia può (e sta già) influenzando questa transizione.

Energia Rinnovabile

1. **Energie Rinnovabili e Stoccaggio**: La tecnologia ha reso possibile l'avvento di pannelli solari sempre più efficienti e turbine eoliche più performanti. Ma oltre a ciò, la capacità di immagazzinare l'energia rinnovabile attraverso tecnologie di batterie avanzate, come le batterie al litio-ion, ha rivoluzionato il modo in cui utilizziamo l'energia, permettendo una distribuzione più stabile e affidabile.

2. **Micro-reti**: Grazie alla tecnologia, piccole reti localizzate possono generare, immagazzinare e distribuire energia in modo autonomo, offrendo soluzioni energetiche resilienti e decentralizzate.

Efficienza Energetica

3. **Edifici intelligenti**: I sistemi di automazione e i dispositivi connessi, come i termostati intelligenti, consentono una gestione più efficace del consumo energetico negli edifici, riducendo gli sprechi.

4. **Illuminazione LED**: La tecnologia LED ha rivoluzionato il mondo dell'illuminazione, offrendo soluzioni che consumano una frazione dell'energia delle lampade tradizionali e durano molto più a lungo.

Trasporti

5. **Veicoli elettrici**: La tecnologia delle batterie e dei motori elettrici ha reso possibile l'ascesa dei veicoli elettrici, che hanno emissioni nulle o ridotte.

6. **Rete di trasporti connessa**: La tecnologia offre soluzioni di trasporto come treni e autobus connessi, favorendo un utilizzo più efficiente delle risorse e riducendo la congestione e l'inquinamento.

Agricoltura e Alimentazione

7. **Agricoltura di precisione**: L'uso di droni, sensori e intelligenza artificiale consente ai coltivatori di monitorare e gestire le colture in modo più efficiente, riducendo l'uso di risorse e pesticidi.

8. **Produzione di proteine alternative**: La biotecnologia e la ricerca avanzata stanno rendendo possibile la produzione di alternative alla carne, come la carne coltivata in laboratorio o le proteine vegetali, riducendo l'impatto ambientale dell'allevamento.

Gestione delle Risorse e Riciclo

9. **Economia circolare**: Tecnologie avanzate di smistamento e riciclo, unitamente all'Internet delle cose (IoT), facilitano la raccolta e la rigenerazione di materiali, minimizzando gli sprechi.

10.   **Monitoraggio in tempo reale**: Sensori, satelliti e software avanzati permettono il monitoraggio in tempo reale delle risorse idriche, forestali e di altro tipo, aiutando nella loro gestione sostenibile.

In conclusione, la tecnologia non è solo uno strumento, ma un catalizzatore che può portare a una trasformazione radicale nel modo in cui viviamo, lavoriamo e interagiamo con il nostro ambiente. Se ben indirizzata e integrata con politiche adeguate e consapevolezza pubblica, la tecnologia può essere la chiave per sbloccare un futuro più verde e sostenibile per tutti.

Tecnologie Verdi in Evoluzione
Digitalizzazione e Dati

11. **Big Data e Analisi dei Dati**: Con la crescente quantità di dati disponibili, l'analisi avanzata permette alle imprese e ai governi di prendere decisioni informate riguardo alla sostenibilità. Ad esempio, possono prevedere le tendenze di consumo energetico o identificare modelli di uso delle risorse per ottimizzare l'efficienza.

12. **Blockchain**: Questa tecnologia decentralizzata ha potenzialità nel settore energetico, come garantire transazioni trasparenti per l'energia rinnovabile o tracciare l'origine e la sostenibilità dei prodotti lungo le catene di approvvigionamento.

Tecnologia nell'Oceano e nei Corsi d'Acqua

13. **Tecnologie Marine per l'Energia**: Oltre alla tradizionale energia idroelettrica, ci sono tecnologie emergenti che sfruttano le correnti marine o le differenze di temperatura degli oceani per generare energia.

14. **Tecnologie di Desalinizzazione**: L'accesso all'acqua dolce è una crescente preoccupazione in molte parti del mondo. La tecnologia moderna sta rendendo la desalinizzazione più efficiente in termini energetici, offrendo una possibile soluzione alla scarsità d'acqua.

Materiali Avanzati

15. **Nanotecnologie**: A livello nanometrico, i materiali possono avere proprietà uniche. Queste tecnologie stanno trovando applicazioni in una serie di settori, dal miglioramento dell'efficienza dei pannelli solari alla creazione di materiali più leggeri e resistenti per le infrastrutture.

16. **Materiali Bio-based**: La ricerca sta portando alla creazione di materiali basati su risorse rinnovabili piuttosto che su combustibili fossili. Questi materiali possono essere biodegradabili o avere un'impronta di carbonio ridotta.

Tecnologie di Riduzione delle Emissioni

17. **Cattura e Stoccaggio del Carbonio (CCS)**: Mentre la transizione verso fonti rinnovabili è in corso, la CCS offre una soluzione per ridurre le

emissioni delle attuali fonti basate sui combustibili fossili. La tecnologia cattura le emissioni di CO2 prima che raggiungano l'atmosfera e le immagazzina sottoterra.

18. **Tecnologie per l'Air Quality**: In molte città, l'inquinamento atmosferico è una grave preoccupazione. Tecnologie innovative, che vanno dai sensori che monitorano la qualità dell'aria in tempo reale ai purificatori d'aria avanzati, stanno diventando sempre più cruciali.

Salute e Benessere

19. **Tecnologie Verdi in Medicina**: L'approccio green sta influenzando anche il settore medico, con l'adozione di pratiche e materiali più sostenibili in ospedale e con lo sviluppo di farmaci e trattamenti più eco-compatibili.

20. **Tech per la Biodiversità**: Gli strumenti tecnologici, come le piattaforme di citizen science o le app di identificazione delle specie, stanno aiutando nella conservazione della biodiversità e nella sensibilizzazione su temi ambientali. Mentre queste tecnologie rappresentano solo la punta dell'iceberg delle potenzialità offerte dall'innovazione, è essenziale comprendere che la tecnologia da sola non può garantire un futuro sostenibile. È la sinergia tra tecnologia, politica, economia e consapevolezza sociale che può veramente accelerare la transizione verso un'economia verde.

Intersezione tra Tecnologia e Comportamento Umano

21. **Tech per l'Educazione Ambientale**: La realtà virtuale (VR) e la realtà aumentata (AR) sono strumenti potenti per l'educazione ambientale. Esperimenti virtuali che mostrano gli effetti del cambiamento climatico o app che aggiungono uno strato informativo sulla biodiversità locale possono rendere l'apprendimento più coinvolgente e tangibile.

22. **App di Sostenibilità**: Ci sono innumerevoli app progettate per aiutare gli individui a vivere in modo più sostenibile, che vanno dal tracciamento della propria impronta di carbonio alla localizzazione dei punti di ricarica per veicoli elettrici.

Automazione e Intelligenza Artificiale (IA)

23. **IA per la Conservazione**: Algoritmi avanzati stanno aiutando gli scienziati a monitorare e proteggere la fauna selvatica, analizzando enormi quantità di dati provenienti da telecamere e sensori posizionati in habitat naturali.

24. **Automazione nella Produzione**: L'automazione e la robotica rendono la produzione più efficiente, riducendo gli sprechi di materiali e energia.

Tecnologia e Urbanizzazione Sostenibile

25. **Città Intelligenti**: Le smart cities utilizzano una rete integrata di dispositivi connessi per migliorare l'efficienza e la qualità della vita urbana, gestendo meglio il traffico, l'energia, le risorse idriche e i servizi pubblici.

26. **Tecnologia e Mobilità Urbana**: La mobilità come servizio (MaaS) sfrutta la tecnologia per offrire soluzioni di trasporto condiviso, come car sharing, bike sharing e piattaforme di ride-hailing, riducendo la necessità di possedere un'auto e mitigando la congestione urbana.

Biotecnologie e Genomica

27. **Piante Geneticamente Modificate (OGM)**: Anche se controversi, gli OGM possono avere un ruolo nel fornire cibo in aree con condizioni climatiche estreme o suoli degradati, contribuendo alla sicurezza alimentare.

28. **Bioingegneria per la Riduzione delle Emissioni**: Alcune ricerche si stanno concentrando sulla modifica di organismi come le alghe per assorbire più CO_2 o produrre biocombustibili.

Tecnologia e Finanza

29.   **FinTech e Sostenibilità**: Piattaforme di finanziamento collettivo o crowdfundingspecifiche per progetti green, oltre a banche digitali che offrono servizi orientati alla sostenibilità, stanno cambiando il panorama finanziario.

30.   **Tokenizzazione delle Risorse**: La blockchain consente la creazione di token legati a risorse fisiche, come foreste o parchi eolici, offrendo nuovi modi di finanziare e incentivare progetti sostenibili.

La fusione tra tecnologia e sostenibilità sta ridisegnando il panorama globale. Ogni nuova invenzione o adozione tecnologica porta con sé la promessa di soluzioni più verdi e sostenibili. Tuttavia, è fondamentale affrontare queste innovazioni con una visione critica, garantendo che siano utilizzate in modo responsabile e etico.

Integrazione della Tecnologia nelle Aziende Verdi

31. **Sistemi di Gestione Ambientale (SGA)**: Questi sistemi, basati su tecnologie avanzate, aiutano le aziende a monitorare, misurare e ridurre il loro impatto ambientale. Ad esempio, software che tracciano l'uso dell'acqua e dell'energia, e identificano aree di spreco, permettendo alle imprese di adottare misure correttive.

32. **Internet delle Cose (IoT) nel Settore Agricolo**: Sensori e dispositivi connessi in agricoltura possono monitorare le condizioni del suolo, l'umidità e il clima, ottimizzando l'irrigazione e riducendo l'uso di pesticidi e fertilizzanti.

Tecnologia e Conservazione delle Risorse

33. **Sensori per la Conservazione dell'Acqua**: Con l'acqua che diventa una risorsa sempre più scarsa in molte regioni, i sensori che monitorano l'uso e le perdite d'acqua possono aiutare a conservare questa preziosa risorsa.

34. **Tecnologie di Riciclo Avanzato**: Innovazioni come il riciclo chimico promettono di rivoluzionare la gestione dei rifiuti, trasformando materiali precedentemente considerati non riciclabili in risorse utilizzabili.

Tecnologia e Società

35. **Piattaforme di Social Media e Ambientalismo**: Mentre i social media sono stati criticati per vari motivi, hanno anche fornito una piattaforma per movimenti ambientali, come Fridays for Future, amplificando la loro voce e il loro impatto.

36. **Applicazioni di Monitoraggio della Qualità dell'Aria**: Queste applicazioni, basate su dati in tempo reale, informano i cittadini sulla qualità dell'aria, aiutandoli a prendere decisioni informate sulla loro salute e benessere.

Ricerca e Sviluppo (R&D)

37. **Laboratori Verdi**: Il crescente riconoscimento dell'importanza della sostenibilità ha portato alla creazione di laboratori dedicati alla ricerca sulle tecnologie verdi, dalla produzione di energia all'agricoltura sostenibile.

38. **Tecnologie di Stoccaggio Energetico**: Mentre la generazione di energia rinnovabile sta avanzando rapidamente, la chiave per un futuro a basse emissioni di carbonio potrebbe risiedere nella capacità di immagazzinare quell'energia. Batterie al litio, soluzioni di stoccaggio termico e altre innovazioni sono in fase di sviluppo.

Tecnologia e Economia

39. **Mercati Energetici Digitali**: Piattaforme digitali stanno emergendo come intermediari tra produttori e consumatori di energia, facilitando la vendita di elettricità prodotta in eccesso da piccoli produttori.

40. **GreenTech nelle Startup**: Numerose startup in tutto il mondo si stanno focalizzando sulle tecnologie verdi, proponendo soluzioni innovative in settori come l'agricoltura, la mobilità e l'edilizia.

L'integrazione della tecnologia nell'ambito dell'economia verde non è solo una tendenza emergente, ma una necessità. Come la società si adatta e risponde alle crescenti sfide ambientali, la tecnologia può essere una potente alleata per creare un mondo più sostenibile.

Tecnologie Emergenti e Impatto Ambientale

41. **Tecnologia Blockchain per la Tracciabilità**: Molti prodotti, come il cibo o i minerali, possono essere tracciati dalla loro origine fino al consumatore utilizzando la blockchain. Ciò può assicurare che siano prodotti in modo etico e sostenibile, dando ai consumatori una maggiore fiducia nei prodotti che acquistano.

42. **Stampa 3D e Produzione Sostenibile**: La stampa 3D consente una produzione su misura e locale, riducendo la necessità di lunghi trasporti e diminuendo i rifiuti, in quanto gli oggetti possono essere prodotti su richiesta.

43. **Biotecnologie Marine**: L'oceano rimane in gran parte inesplorato, ma le biotecnologie marine stanno emergendo come un potenziale mezzo per produrre cibo, medicina e persino energia in modo sostenibile.

Economia Digitale e Ambiente

44. **Digital Twins e Sostenibilità**: I gemelli digitali, che sono repliche virtuali di oggetti fisici o sistemi, possono simulare come questi reagiscono in diversi scenari. Questo può essere applicato alla gestione delle risorse naturali o alle reti energetiche, ottimizzando l'uso delle risorse.

45. **Piattaforme di Economia Circolare**: Esistono piattaforme digitali che mettono in contatto i produttori di rifiuti con chi può

riutilizzare o riciclare quei materiali,
promuovendo un'economia più circolare.

Miglioramento della Salute Ambientale con la Tecnologia

46. **Monitoraggio Satellitare**: I satelliti possono monitorare vasti tratti di terra e oceano, fornendo dati preziosi su deforestazione, alterazioni del clima e altre questioni ambientali.

47. **Droni per la Conservazione**: Droni dotati di telecamere e sensori sono utilizzati per monitorare la fauna selvatica, combattere il bracconaggio e persino piantare alberi.

48. **Wearables per la Salute Ambientale**: Dispositivi indossabili che possono monitorare la qualità dell'aria o l'esposizione ai raggi UV offrono dati personalizzati che possono guidare gli individui a prendere decisioni informate sulla loro salute in relazione all'ambiente.

Tecnologia e Acqua

49. **Desalinizzazione sostenibile**: Mentre la desalinizzazione ha sempre avuto un alto costo energetico, le nuove tecnologie stanno rendendo il processo più efficiente, offrendo una potenziale soluzione alle crescenti carenze d'acqua.

50. **Tecnologie di Monitoraggio Idrico**: Sensori avanzati e IoT stanno rendendo più facile per le città e le aziende monitorare l'uso dell'acqua in tempo reale, identificare perdite e migliorare l'efficienza.

La sovrapposizione di tecnologia e sostenibilità sta creando un'era in cui l'innovazione può guidare non solo il progresso economico, ma anche una maggiore cura e rispetto per l'ambiente. La chiave, tuttavia, sta nell'adozione responsabile e nell'uso etico di queste tecnologie, garantendo che non solo risolvano i problemi di oggi, ma non creino nuove sfide per il futuro.

Intelligenza Artificiale e Ambiente

51. **IA per la Previzione Ambientale**: Gli algoritmi di intelligenza artificiale sono sempre più utilizzati per prevedere eventi ambientali, come tempeste, siccità o incendi boschivi, con una precisione mai raggiunta prima. Questo consente una risposta più rapida e preparata a tali eventi.

52. **Automazione e Agricoltura**: Con l'aiuto dell'IA, l'agricoltura di precisione sta diventando una realtà. Tramite l'uso di droni e sensori, gli agricoltori possono determinare esattamente dove e quando irrigare, piantare o fertilizzare, massimizzando la produzione mentre minimizzano l'impatto ambientale.

Mobilità Sostenibile Grazie alla Tecnologia

53.   **Veicoli Autonomi**: Si prevede che i veicoli autonomi potrebbero ridurre significativamente il traffico e le emissioni, in quanto possono essere programmati per operare in modo più efficiente e condividere le strade in modo più equo.

54.   **Infrastrutture Intelligenti**: Con l'integrazione di sensori e sistemi di risposta automatica, le infrastrutture urbane possono adattarsi alle esigenze del traffico e dell'ambiente, ad esempio regolando i tempi dei semafori per ridurre l'ingorgo o gestire l'illuminazione pubblica in base alle necessità effettive.

Innovazioni per la Biodiversità

55.   **Tecnologie di Monitoraggio della Fauna Selvatica**: L'uso di collari e tag satellitari, unito all'analisi dei dati, sta rivoluzionando il modo in cui monitoriamo e proteggiamo le specie a rischio.

56.   **Sistemi di Ripristino Ecologico**: La tecnologia può aiutare a mappare e analizzare aree degradate, guidando gli sforzi di riforestazione e ripristino.

Tecnologia e Produzione Alimentare

57. **Agricoltura Verticale e Coltivazione Indoor**: Con l'aiuto di sistemi di illuminazione LED, sensori e controlli automatizzati, la coltivazione di alimenti in ambienti controllati come grattacieli o magazzini sta diventando una realtà, con un uso minimo di risorse.

58. **Alimenti Prodotti in Laboratorio**: Dalla carne coltivata in laboratorio ai prodotti a base di proteine alternative, la tecnologia sta trasformando il modo in cui produciamo e consumiamo cibo.

Gestione Sostenibile delle Risorse con la Tecnologia

59. **Mining Sostenibile**: La tecnologia sta permettendo estrazioni minerarie più efficienti e meno invasive, riducendo l'impatto sulle comunità locali e l'ambiente.

60. **Tecnologie di Pesca Sostenibile**: Con l'uso di sonar, GPS e altre tecnologie, la pesca può diventare più selettiva, riducendo le catture accessorie e proteggendo le specie marine.

61. **Tecnologie di Gestione dei Rifiuti**: Dalle piattaforme digitali che mettono in contatto i produttori di rifiuti con le aziende di riciclaggio, alla robotica che separa i rifiuti nelle strutture di trattamento, la gestione dei rifiuti sta entrando in una nuova era di efficienza.

Queste sono solo alcune delle molteplici intersezioni tra tecnologia e sostenibilità. Mentre la tecnologia può presentare sfide, è innegabile che offra anche strumenti potentissimi per affrontare alcune delle questioni ambientali più urgenti del nostro tempo.

Conclusione sul Ruolo della Tecnologia nella Transizione verso un'Economia Verde:

La tecnologia, nelle sue molteplici forme e applicazioni, è diventata una forza trainante nella transizione verso un'economia verde. La sua ubiquità e la capacità di adattarsi e evolversi rapidamente la rendono uno strumento essenziale per affrontare le sfide ambientali. Tuttavia, la tecnologia da sola non è una soluzione: la sua efficacia dipende dal modo in cui viene implementata, gestita e utilizzata.
Le intersezioni tra tecnologia e sostenibilità sono molteplici e in costante evoluzione. La rivoluzione digitale ha offerto soluzioni innovative per problemi che sembravano insormontabili solo qualche decennio fa. L'Intelligenza Artificiale, ad esempio, sta trasformando settori tradizionalmente ad alto impatto, come l'agricoltura e l'industria, in direzioni più sostenibili. La mobilità sostenibile,

sostenuta da veicoli elettrici e infrastrutture intelligenti, promette di ridisegnare il concetto di trasporto urbano, riducendo drasticamente l'inquinamento e il consumo di risorse.

Ma con queste opportunità emergono anche sfide. Il rischio di una crescente dipendenza dalla tecnologia può portare a nuovi problemi, come l'obsolescenza programmata o l'accentuarsi della disparità tra coloro che hanno accesso alle tecnologie e coloro che ne sono esclusi. C'è anche il pericolo che, senza una regolamentazione e una consapevolezza adeguate, alcune tecnologie potrebbero causare danni ambientali o sociali non previsti.

È essenziale, quindi, adottare un approccio olistico nella transizione verso un'economia verde. Questo significa non solo implementare nuove tecnologie, ma anche ripensare modelli di business, regimi normativi e comportamenti individuali. La formazione e l'istruzione giocheranno un ruolo cruciale, preparando la prossima generazione a utilizzare la tecnologia in modo responsabile e sostenibile.

Infine, mentre la tecnologia può offrire gli strumenti e le soluzioni, è la volontà collettiva delle persone, delle imprese e dei governi che determinerà la direzione e la velocità della transizione. Un impegno congiunto e una visione condivisa per un futuro sostenibile assicureranno che la tecnologia sia utilizzata al suo massimo potenziale per il bene del pianeta e delle sue future generazioni.

7. Modelli di business sostenibili: Casi di successo e studi di settore.

Modelli di Business Sostenibili: Casi di Successo e Studi di Settore
Introduzione
Nell'era dell'economia verde, molte aziende stanno riconsiderando i loro modelli di business tradizionali per adottare pratiche più sostenibili. Questo non solo a causa della pressione sociale e normativa, ma anche perché la sostenibilità può offrire vantaggi competitivi a lungo termine. Vediamo alcuni casi di successo e come hanno influenzato settori interi.
Casi di Successo:
1. **Patagonia**: Questo brand di abbigliamento outdoor ha sempre avuto una forte missione ambientale. Oltre a produrre capi durevoli e di qualità, ha lanciato iniziative come "Don't Buy This Jacket", esortando i consumatori a considerare se avevano davvero bisogno di un

nuovo capo prima di acquistarlo. Patagonia ha anche donato l'1% delle sue vendite a cause ambientali e ha promosso la riparazione dei vestiti piuttosto che l'acquisto di nuovi.

2. **Interface**: Un'azienda di moquette che ha rivoluzionato il suo settore attraverso l'obiettivo di diventare completamente sostenibile. Attraverso il riuso e il riciclo, Interface ha ridotto drasticamente la sua dipendenza dalle risorse vergini. La loro visione, "Mission Zero", mira a non avere alcun impatto negativo sull'ambiente entro il 2020.

3. **Tesla**: Sebbene le auto elettriche fossero presenti da decenni, Tesla ha rivoluzionato il settore automobilistico mostrando che le auto elettriche possono essere potenti, desiderabili e pratiche. La sua missione di "accelerare la transizione del mondo verso l'energia sostenibile" ha influenzato molti altri produttori automobilistici a seguire il suo esempio.

Studi di Settore:

1. **Settore Alimentare**: L'adozione di pratiche agricole sostenibili, come l'agricoltura biologica o biodinamica, ha portato a una crescente domanda di prodotti alimentari sostenibili. Aziende come "Beyond Meat" e "Impossible Foods" stanno rivoluzionando il settore alimentare con alternative vegetali alla carne,

riducendo così l'impatto ambientale della produzione di carne.

2. **Moda**: Con l'aumento della consapevolezza sui danni causati dalla "fast fashion", molti marchi stanno adottando modelli di business più sostenibili. Il concetto di "moda etica" sta guadagnando popolarità, con marchi che adottano pratiche di produzione etica, utilizzo di materiali sostenibili e promuovendo la durata piuttosto che la moda usa-e-getta.

3. **Turismo**: Il "turismo sostenibile" cerca di ridurre l'impatto ambientale e culturale dei viaggi, garantendo al contempo benefici economici alle comunità locali. Alcune aziende turistiche ora promuovono viaggi a basso impatto, sostegno alle economie locali e conservazione della biodiversità.

Conclusione

I modelli di business sostenibili non sono solo una moda passeggera o una tattica di marketing; rappresentano una necessità crescente e una risposta al cambiamento culturale e ambientale in corso. Mentre le aziende che adottano tali pratiche stanno raccogliendo i frutti in termini di lealtà dei clienti, risparmi operativi e innovazione, stanno anche dimostrando che la sostenibilità e la redditività possono andare di pari passo.

Approfondimenti sui Modelli di Business Sostenibili

Il concetto di triple bottom line

Mentre la maggior parte delle aziende misura il successo in termini di profitti finanziari, le aziende orientate alla sostenibilità spesso adottano il concetto di "triple bottom line" - ovvero, la considerazione simultanea di profitto, persone e pianeta. Questa filosofia sostiene che, oltre a generare profitto, una società dovrebbe anche beneficiare le persone (attraverso pratiche lavorative eque e contribuendo al benessere delle comunità) e proteggere il pianeta (attraverso pratiche ambientali responsabili).

L'ascesa della certificazione B Corporation

La certificazione B Corporation è un riconoscimento per le aziende che soddisfano rigorosi standard di performance sociale e ambientale. Aziende come Ben & Jerry's e Eileen Fisher sono state tra le prime ad adottare questo modello, dimostrando che un impegno autentico verso la sostenibilità può anche tradursi in crescita e profitto.

Supply Chain Sostenibile
Aziende di successo come Unilever hanno
compreso l'importanza di una catena di
approvvigionamento sostenibile. Dall'acquisto di
materie prime prodotte in modo sostenibile,
come olio di palma e tè, alla riduzione
dell'impronta di carbonio durante il trasporto,
queste aziende riconoscono che ogni aspetto
della catena di approvvigionamento ha un
impatto sull'ambiente e sulle persone.
**Economia della Condivisione e
Collaborazione**
Piattaforme come Airbnb e BlaBlaCar sono nate
dalla nozione di condivisione di risorse. Invece di
possedere beni (come una casa o un'auto), queste
piattaforme permettono agli individui di
"condividere" o "affittare" questi beni quando
non sono in uso. Questo modello non solo riduce
il consumo eccessivo, ma promuove anche una
mentalità di comunità e collaborazione.
Modello di Servitizzazione
Aziende come Philips stanno adottando un
modello di "servitizzazione". Invece di vendere
lampade, per esempio, vendono "illuminazione
come servizio". Ciò significa che mantengono la
proprietà delle lampade e si occupano della loro
manutenzione e sostituzione, incentivando se
stessi a produrre prodotti di lunga durata e
facilmente riparabili.

Upcycling e Riciclo

Molte aziende stanno ora cercando di riutilizzare i rifiuti come risorsa. Ad esempio, l'azienda di abbigliamento Rapanui utilizza cotone riciclato per produrre nuove magliette, mentre l'azienda di arredamento Emeco produce sedie utilizzando bottiglie di plastica riciclata.

Coinvolgimento del Consumatore

Aziende come Lush e The Body Shop hanno fatto del coinvolgimento del consumatore una parte centrale del loro modello di business. Attraverso campagne di sensibilizzazione e programmi di riciclo, queste aziende educano i consumatori sui problemi ambientali e sociali, incoraggiandoli a prendere decisioni d'acquisto più informate.

Conclusione

La sostenibilità non riguarda solo la protezione dell'ambiente o la promozione di pratiche lavorative eque. Si tratta di ripensare completamente il modo in cui le aziende operano e interagiscono con i consumatori, le comunità e il mondo naturale. Attraverso l'adozione di modelli di business sostenibili, le aziende non solo proteggono il pianeta e le persone, ma assicurano anche il loro successo e la loro crescita a lungo termine.

Economia Circolare nel Business

Il modello di economia circolare sta diventando un pilastro fondamentale per molte aziende che cercano di incorporare la sostenibilità nelle loro operazioni. Questo modello sfida l'approccio tradizionale lineare di "prendere, fare, smaltire" e mira a creare un ciclo chiuso in cui i rifiuti diventano risorse.

- **Packaging Sostenibile:** Molte aziende stanno adottando imballaggi ecocompatibili, riutilizzabili o completamente biodegradabili. Marchi come Coca-Cola e Puma stanno esplorando modalità innovative per ridurre l'impronta ecologica dei loro imballaggi.
- **Riparabilità e Durata dei Prodotti:** Aziende come Fairphone promuovono la progettazione di prodotti facilmente riparabili, assicurando che i dispositivi abbiano una vita utile più lunga e riducendo la necessità di prodotti di ricambio.
- **Programmi di Ritorno dei Prodotti:** Brand come H&M e Apple incoraggiano i consumatori a restituire prodotti vecchi o indesiderati, che possono poi essere riciclati o upcycled in nuovi prodotti.

Il Valore Sociale nel Business

Oltre a considerare l'ambiente, molte aziende sostenibili stanno integrando valori sociali nelle loro pratiche di business.

- **Commercio Equo e Solidale:** Molte aziende del settore alimentare e delle bevande, come Starbucks e Divine Chocolate, stanno adottando pratiche di commercio equo e solidale, assicurandosi che gli agricoltori e i lavoratori nei paesi in via di sviluppo ricevano un salario equo.
- **Iniziative Comunitarie:** Aziende come TOMS hanno incorporato programmi di donazione nei loro modelli di business. Per ogni prodotto venduto, un prodotto viene donato a chi ne ha bisogno, creando un impatto sociale positivo.
- **Formazione e Upliftment:** Aziende come Microsoft hanno programmi di formazione per le comunità svantaggiate, garantendo l'accesso all'istruzione e alle risorse.

Trasparenza e Responsabilità

Il consumatore moderno è sempre più informato e desidera acquistare da aziende etiche e trasparenti.

- **Rapporti sulla Sostenibilità:** Molti grandi conglomerati, tra cui Nestlé e Siemens, pubblicano regolarmente rapporti sulla sostenibilità, fornendo dettagli sulle loro iniziative ambientali e sociali.
- **Certificazioni Ambientali:** Certificazioni come LEED per edifici sostenibili o Rainforest Alliance per prodotti agricoli sostenibili aiutano le aziende a distinguersi come leader nella sostenibilità.

Innovazioni in Settori Specifici

Diversi settori stanno adottando modelli di business sostenibili in modi unici.

- **Moda Sostenibile:** Marchi come Patagonia promuovono la longevità del prodotto e incoraggiano i consumatori a riparare piuttosto che sostituire. Allo stesso tempo, marchi come Stella McCartney sono pionieri nella moda cruelty-free e sostenibile.

- **Alimentazione Sostenibile:** Aziende come Impossible Foods e Beyond Meat stanno rivoluzionando l'industria alimentare con proteine alternative sostenibili che riducono la dipendenza dalla carne.

- **Turismo Sostenibile:** Organizzazioni come Ecotourism Australia promuovono pratiche turistiche rispettose dell'ambiente, incoraggiando viaggi responsabili.

Questi sono solo alcuni esempi di come le aziende in tutto il mondo stanno riconoscendo la necessità e i vantaggi della sostenibilità, e integrando questi principi nei loro modelli di business.

Conclusione sulle Modelli di Business Sostenibili: Casi di Successo e Studi di Settore

La sostenibilità nel mondo degli affari, una volta considerata un'opzione piuttosto che una necessità, è oggi un imperativo chiave per la sopravvivenza, la crescita e la longevità di un'impresa. In un'era in cui le informazioni fluiscono liberamente e i consumatori sono sempre più consapevoli, la trasparenza e l'etica diventano elementi centrali per stabilire e mantenere la fiducia.

Le aziende che hanno scelto di adottare modelli di business sostenibili hanno dimostrato che la responsabilità ambientale e sociale può andare di pari passo con la redditività. Queste aziende non solo riducono il proprio impatto negativo sull'ambiente, ma creano anche valore per i propri stakeholder: dalla comunità locale ai fornitori, dai dipendenti ai clienti.

Incorporare la sostenibilità può richiedere investimenti iniziali, come la ricerca e lo sviluppo di nuovi prodotti o l'implementazione di nuovi processi produttivi. Tuttavia, a lungo termine, queste pratiche spesso portano a riduzioni dei costi grazie all'efficienza energetica, alla riduzione degli sprechi e alla fidelizzazione dei clienti.

Allo stesso tempo, le aziende che operano con un'ottica sostenibile spesso beneficiano di una maggiore resilienza di fronte a crisi o cambiamenti del mercato. L'attenzione alla sostenibilità può anche aprire nuove opportunità di mercato, poiché i consumatori mostrano una crescente preferenza per i prodotti e servizi sostenibili.

È altrettanto essenziale notare che il successo in termini di sostenibilità va oltre le singole iniziative. Richiede un impegno a lungo termine, una visione strategica e una profonda comprensione dei propri impatti diretti e indiretti. Questo significa non solo guardare all'interno dell'organizzazione, ma anche alla catena di approvvigionamento esterna, collaborando con fornitori e partner per garantire pratiche sostenibili a ogni livello.

In conclusione, mentre il percorso verso la sostenibilità può presentare sfide, offre anche innumerevoli vantaggi. Le storie di successo evidenziate e i numerosi studi di settore mostrano che un modello di business sostenibile non è solo un'aspirazione ideale, ma una realtà tangibile e realizzabile. Con la giusta combinazione di innovazione, determinazione e visione, le aziende possono prosperare nell'economia verde del XXI secolo, creando al contempo un mondo più giusto e sostenibile per tutti.

8. Impatto sociale e occupazionale: Come l'economia verde può creare posti di lavoro e migliorare la società.

Impatto Sociale e Occupazionale: Come l'economia verde può creare posti di lavoro e migliorare la società.
Creazione di Posti di Lavoro nel Settore Verde
L'economia verde non è solo un mezzo per combattere i cambiamenti climatici e proteggere l'ambiente; rappresenta anche un'opportunità significativa per lo sviluppo economico e la creazione di posti di lavoro. Secondo vari studi e proiezioni:

- **Energie Rinnovabili:** Il settore delle energie rinnovabili, come il solare, l'eolico e l'idroelettrico, sta vivendo una crescita esplosiva. Questo sviluppo ha portato all'apertura di nuovi posti di lavoro, dall'installazione e manutenzione di turbine eoliche e pannelli solari, alla ricerca e sviluppo di nuove tecnologie energetiche.

- **Edilizia Sostenibile:** Con l'aumento della domanda di edifici a basso consumo energetico e sostenibili, c'è stata una crescita nella necessità di architetti, progettisti, e costruttori specializzati in pratiche edilizie verdi.
- **Trasporti Verdi:** L'evoluzione verso trasporti più sostenibili, come i veicoli elettrici e i mezzi di trasporto pubblico a basse emissioni, ha creato opportunità lavorative nella produzione, manutenzione e infrastruttura di ricarica.

Qualità del Lavoro e Formazione

L'economia verde può anche portare a lavori di migliore qualità. Questi lavori tendono ad essere meno meccanizzati e più orientati alle competenze, offrendo salari competitivi e buone condizioni di lavoro.

- **Formazione e Ricerca:** C'è una crescente domanda di formazione professionale e accademica in campi legati all'ambiente e alla sostenibilità. Università e istituti di formazione professionale offrono ora corsi in ingegneria ambientale, gestione sostenibile e altri campi correlati.
- **Agricoltura Sostenibile:** La transizione verso pratiche agricole più sostenibili e biologiche richiede una formazione specifica, creando così nuove opportunità per agronomi, consulenti e lavoratori agricoli.

Impatti Societali dell'Economia Verde
Oltre all'impatto diretto sulla creazione di posti di lavoro, l'economia verde ha il potenziale di portare numerosi benefici societali.

- **Salute Pubblica:** La riduzione dell'inquinamento dell'aria e dell'acqua, grazie a pratiche più verdi, può portare a una diminuzione delle malattie respiratorie e cardiache, contribuendo a una popolazione più sana e riducendo i costi sanitari.
- **Riduzione della Povertà:** L'economia verde può giocare un ruolo cruciale nella riduzione della povertà, offrendo opportunità di lavoro e formazione a comunità svantaggiate e promuovendo l'accesso a risorse come l'acqua pulita e l'energia rinnovabile.
- **Coesione Sociale:** Progetti legati all'economia verde, come la riforestazione o la rigenerazione urbana, possono promuovere la coesione sociale coinvolgendo la comunità locale, creando un senso di appartenenza e identità.

In sintesi, l'economia verde non solo porta beneficio all'ambiente ma ha un impatto profondo e positivo sul tessuto sociale ed economico di una nazione. Attraverso la creazione di posti di lavoro, l'innovazione e la promozione di una società più equa e sana, l'economia verde rappresenta una strada promettente per un futuro sostenibile e prospero.

Inclusione e Giustizia Ambientale
Un altro aspetto cruciale dell'impatto sociale dell'economia verde riguarda l'inclusione e la giustizia ambientale. Per anni, le comunità vulnerabili e svantaggiate sono state le più colpite dagli impatti negativi dell'inquinamento e dei cambiamenti climatici. L'economia verde pone un'enfasi particolare sulla creazione di soluzioni che affrontino queste ingiustizie.

- **Zone verdi urbane**: La creazione di parchi, giardini e altre aree verdi nelle città non solo offre un'oasi di tranquillità e un luogo per la ricreazione, ma contribuisce anche alla riduzione delle isole di calore urbane e all'assorbimento di CO_2. Questi spazi verdi possono avere un impatto positivo in particolare nelle zone urbane svantaggiate, offrendo un luogo sicuro per la comunità e promuovendo il benessere generale.
- **Accesso all'energia**: La transizione verso fonti di energia rinnovabile ha anche l'obiettivo di fornire energia pulita e accessibile a tutti, comprese le comunità remote o impoverite. La decentralizzazione dell'energia, ad esempio attraverso mini-reti solari o turbine eoliche comunitarie, può garantire che tutti abbiano

accesso a energia affidabile senza dipendere dai combustibili fossili.

- **Formazione inclusiva**: La formazione e l'istruzione sono essenziali per garantire che tutti possano beneficiare dell'economia verde. Ciò significa non solo fornire corsi di formazione nelle competenze tecniche, ma anche promuovere l'istruzione ambientale a tutti i livelli, dalla scuola materna alle università, assicurando che tutti siano informati sui problemi ambientali e sulle soluzioni disponibili.

- **Economia circolare e comunità**: L'economia circolare, che mira a ridurre al minimo gli sprechi e a massimizzare la riutilizzabilità delle risorse, ha un enorme potenziale per coinvolgere le comunità locali. Ad esempio, programmi di riciclaggio comunitario o di compostaggio possono creare posti di lavoro locali, mentre allo stesso tempo riducono la quantità di rifiuti che finiscono in discarica.

- **Turismo sostenibile**: Il turismo è una delle industrie più grandi e in crescita al mondo, ma ha anche un impatto significativo sull'ambiente. Il turismo sostenibile, che pone l'accento su viaggi responsabili che beneficiano le comunità locali e proteggono l'ambiente, può offrire una fonte di reddito per le comunità svantaggiate, promuovendo al contempo la conservazione della natura e delle culture locali.

- **Salute e benessere**: Come menzionato in precedenza, l'economia verde può avere numerosi benefici per la salute pubblica. Ma oltre alla riduzione dell'inquinamento, pratiche come l'agricoltura biologica o la riduzione dell'uso di sostanze chimiche tossiche possono contribuire direttamente al benessere delle persone, fornendo cibo più sano e riducendo l'esposizione a sostanze nocive.

- **Miglioramento dell'infrastruttura**: Molti dei benefici dell'economia verde sono il risultato di miglioramenti nell'infrastruttura. Ciò può includere tutto, dalla costruzione di edifici più efficienti dal punto di vista energetico, al miglioramento dei sistemi di trasporto pubblico, alla creazione di sistemi di gestione delle acque piovane che riducano il rischio di inondazioni nelle aree urbane.

L'economia verde ha il potenziale di trasformare non solo il nostro ambiente, ma anche il tessuto stesso delle nostre società. Attraverso un approccio olistico che considera sia gli impatti ambientali che quelli sociali, è possibile creare un mondo più sostenibile, giusto e inclusivo per tutti.

Innovazione Sociale e Cooperative Verdi

Nel contesto dell'economia verde, emerge la necessità di nuovi modelli organizzativi e imprenditoriali. L'innovazione sociale, ad esempio, punta a risolvere problemi sociali attraverso soluzioni innovative che creano valore sia per la società che per l'individuo.

- **Cooperative Verdi**: Le cooperative, come strutture basate sull'equità, la democrazia e il valore condiviso, possono svolgere un ruolo cruciale nella transizione verde. Le cooperative verdi sono organizzazioni che operano in settori come l'energia rinnovabile, l'agricoltura sostenibile, o il riciclaggio, e sono possedute e gestite dai loro membri. Questi modelli incentivano la partecipazione diretta degli stakeholder, promuovendo soluzioni locali e sostenibili.
- **Economia Collaborativa**: L'economia collaborativa, spesso resa possibile dalle piattaforme digitali, può offrire soluzioni green. Ad esempio, piattaforme di condivisione di veicoli possono ridurre il numero totale di auto sulla strada, diminuendo le emissioni e il traffico. Analogamente, piattaforme per la condivisione di utensili o attrezzature possono ridurre la necessità di produzione e consumo di beni, promuovendo un modello di uso anziché possesso.

- **Microfinanza e Investimenti Verdi**: La microfinanza, che fornisce piccoli prestiti a imprenditori senza accesso al credito tradizionale, può avere un impatto significativo nell'economia verde. Questi prestiti possono permettere a piccoli agricoltori di adottare pratiche agricole sostenibili o a piccole imprese di investire in tecnologie pulite. Parimenti, l'aumento degli investimenti verdi, in cui i capitali sono diretti verso progetti sostenibili, può accelerare la transizione verso un'economia più verde.

- **Educazione e Formazione**: Non si tratta solo di formare nuove competenze tecniche, ma anche di sensibilizzare e educare la società sull'importanza dell'economia verde. Programmi educativi che incorporano principi di sostenibilità, economia circolare e giustizia ambientale preparano le nuove generazioni a diventare cittadini consapevoli e professionisti green.

- **Trasparenza e Responsabilità**: L'economia verde richiede un elevato livello di trasparenza e responsabilità. Le aziende sono sempre più spinte a rendicontare il loro impatto ambientale e sociale, e strumenti come la certificazione sostenibile o gli standard ESG (Environmental, Social, Governance) possono fornire quadri di riferimento per valutare e comunicare tali impatti.

- **Economia Locale e Commercio Equo**: Un'economia verde può anche sostenere lo sviluppo locale. Il sostegno a piccoli produttori, artigiani e imprese locali può garantire che i benefici economici rimangano nella comunità. Similmente, il commercio equo assicura che i produttori dei paesi in via di sviluppo ricevano un compenso equo, promuovendo al contempo pratiche sostenibili.

Queste iniziative e modelli mostrano come l'economia verde può influenzare profondamente il modo in cui le società operano e interagiscono. Oltre a proteggere l'ambiente, promuovono una maggiore equità, inclusione e resilienza nelle comunità.

Rigenerazione Urbana e Spazi Verdi

Man mano che le città crescono e si densificano, la necessità di spazi verdi e di una pianificazione urbana sostenibile diventa sempre più pressante. Questi spazi non solo offrono un rifugio dalla frenesia urbana, ma svolgono anche un ruolo cruciale nell'abbattimento delle emissioni di carbonio e nella creazione di habitat per la biodiversità.

- **Edilizia Sostenibile**: La progettazione e costruzione di edifici ecocompatibili può avere un impatto significativo sull'ambiente. L'utilizzo di materiali sostenibili, la costruzione di edifici energeticamente efficienti e l'integrazione di sistemi come i tetti verdi o le pareti vegetali possono non solo ridurre le emissioni di gas serra, ma anche migliorare la qualità della vita dei residenti.

- **Mobilità Urbana Verde**: L'adozione di mezzi di trasporto sostenibili come il car sharing elettrico, le biciclette e i trasporti pubblici a basso impatto ambientale può ridurre drasticamente l'inquinamento atmosferico e acustico nelle aree urbane. Le "città 15 minuti", un concetto che propone che tutti i servizi essenziali siano raggiungibili in 15 minuti a piedi o in bicicletta, sta guadagnando popolarità in molte metropoli globali.

- **Agricoltura Urbana**: L'agricoltura urbana non solo fornisce cibo fresco e locale ai residenti, ma crea anche spazi verdi, aumenta la biodiversità e promuove comunità resilienti. Giardini comunitari, orti sul tetto e agricoltura verticale sono solo alcune delle soluzioni adottate per portare la natura in città.

- **Economia del Benessere**: La salute e il benessere dei cittadini sono strettamente legati alla qualità dell'ambiente in cui vivono. Una città verde, con spazi aperti, aria pulita e opportunità per l'attività fisica, può contribuire significativamente alla salute mentale e fisica dei suoi abitanti.

- **Rifiuti Zero e Gestione delle Risorse**: L'obiettivo di molte città è quello di diventare "rifiuti zero", riducendo la quantità di rifiuti che finiscono in discarica attraverso pratiche di riduzione, riutilizzo e riciclaggio. La gestione sostenibile delle risorse, come l'acqua e l'energia, è altrettanto cruciale per creare città resilienti.

- **Turismo Sostenibile**: Mentre il turismo è una fonte vitale di reddito per molte città, può anche portare a problemi di sovraffollamento e degrado ambientale. Promuovere pratiche di turismo sostenibile, che valorizzino e proteggano l'ambiente e la cultura locale, può garantire che le città siano in grado di accogliere i visitatori senza compromettere le loro risorse.

- **Inclusione e Giustizia Sociale**: Una transizione verde non può avvenire senza considerare le esigenze di tutti i cittadini. Assicurarsi che le comunità vulnerabili siano incluse nel processo decisionale e abbiano accesso a risorse e opportunità è fondamentale per un'economia verde equa e inclusiva.

Queste iniziative, prese in contesto urbano, evidenziano come la transizione verso un'economia verde possa trasformarsi in un'opportunità per ridefinire il concetto di città, rendendole più verdi, vivibili e resilienti.

Conclusione sull'Impatto Sociale e Occupazionale dell'Economia Verde nelle Città e nelle Comunità

L'economia verde, se approcciata con una visione olistica, ha il potenziale per rivoluzionare la struttura e la funzione delle città e delle comunità in tutto il mondo. Questo cambiamento non riguarda solo l'ambiente, ma ha anche profonde implicazioni sociali ed economiche. Per comprenderne l'intero spettro, dobbiamo analizzare l'interazione tra queste sfere in dettaglio.

1. **Posti di lavoro e Formazione Professionale**: La transizione verso un'economia più sostenibile può portare alla creazione di nuovi posti di lavoro in settori come l'energia rinnovabile, la ristrutturazione edilizia, l'agricoltura urbana e la mobilità sostenibile. Tuttavia, per sfruttare al meglio queste opportunità, è essenziale che le persone abbiano accesso a programmi di formazione adeguati che le preparino a queste nuove professioni.

2. **Equità e Giustizia Sociale**: L'adozione di un'economia verde deve essere attuata con un'attenzione particolare all'inclusione. Questo significa garantire che le comunità tradizionalmente marginalizzate abbiano voce nelle decisioni che le riguardano e possano beneficiare equamente delle opportunità emergenti. L'equità deve essere al centro di qualsiasi politica o intervento, per evitare che le disuguaglianze esistenti vengano amplificate.

3. **Benessere Comunitario**: Gli spazi verdi e la rigenerazione urbana non solo migliorano la qualità dell'aria e riducono il calore urbano, ma possono anche fungere da punti di incontro comunitari, promuovendo la coesione sociale e la salute mentale. Investire in parchi, giardini comunitari e spazi pubblici può portare a una maggiore interazione sociale, riduzione dello stress e promozione di uno stile di vita attivo.

4. **Sicurezza Economica**: Una maggiore resilienza alle crisi, sia che si tratti di shock economici o di calamità naturali, è una chiara conseguenza di una maggiore sostenibilità. Le città e le comunità che investono in infrastrutture sostenibili, come sistemi di raccolta delle acque piovane o reti energetiche decentralizzate, possono riprendersi più rapidamente e ridurre l'impatto economico di tali eventi.

5. **Partecipazione Cittadina**: Una transizione verso l'economia verde può anche rafforzare la democrazia a livello locale, incoraggiando una maggiore partecipazione dei cittadini nelle decisioni che riguardano la loro comunità. Questo può portare a soluzioni più adattate alle specifiche esigenze locali e a un maggiore senso di appartenenza e responsabilità verso l'ambiente e la comunità.

In sintesi, mentre la transizione verso un'economia verde presenta indubbiamente sfide, offre anche un'opportunità unica per riformare le nostre città e comunità in modi che beneficiano non solo l'ambiente, ma anche la società nel suo complesso. Affinché questa transizione sia veramente efficace, è essenziale che venga guidata da un approccio olistico che consideri l'ambiente, la società e l'economia come componenti interconnesse di un unico sistema. Solo attraverso una tale visione integrata sarà possibile realizzare il pieno potenziale dell'economia verde e creare un futuro sostenibile e inclusivo per tutti.

9. Regolamentazione e politiche pubbliche: Ruolo dei governi nel promuovere un'economia sostenibile.

Regolamentazione e politiche pubbliche: Ruolo dei governi nel promuovere un'economia sostenibile.

La regolamentazione e le politiche pubbliche sono fondamentali nel guidare, facilitare e accelerare la transizione verso un'economia sostenibile. Il ruolo dei governi, sia a livello locale che nazionale, è essenziale in questo contesto, poiché possono stabilire le basi legislative e le incitazioni necessarie per promuovere pratiche sostenibili nel settore privato e per garantire che le iniziative pubbliche siano allineate con gli obiettivi di sostenibilità.

1. **Stabilire Standard e Normative**: I governi possono implementare standard e normative per ridurre l'impatto ambientale. Questi possono includere standard di efficienza energetica per edifici e apparecchiature, normative sulle emissioni di carbonio e sulle risorse idriche, e criteri per l'uso sostenibile delle risorse naturali.

2. **Tassazione Verde**: Attraverso strumenti fiscali, come le tasse sul carbonio o incentivi fiscali per le energie rinnovabili, i governi possono rendere più costosi i comportamenti non sostenibili e incentivare le alternative ecologiche.

3. **Programmi di Sostegno e Finanziamenti**: I governi possono offrire sovvenzioni, prestiti a tassi agevolati o garanzie finanziarie per incentivare investimenti in tecnologie e pratiche sostenibili. Questo può essere particolarmente efficace nel promuovere l'innovazione e la ricerca nel settore verde.

4. **Educazione e Sensibilizzazione**: Una popolazione ben informata può fare scelte più sostenibili. I governi possono promuovere campagne di sensibilizzazione sull'importanza della sostenibilità e sull'impacto del consumo responsabile, oltre a integrare l'educazione ambientale nei curricula scolastici.

5. **Collaborazione Multilaterale**: I problemi ambientali spesso non conoscono confini. Pertanto, la collaborazione tra nazioni attraverso accordi internazionali, come l'Accordo di Parigi sul cambiamento climatico, è cruciale per affrontare sfide globali.

6. **Acquisti Pubblici Verdi**: I governi, come grandi acquirenti di beni e servizi, possono guidare la domanda di prodotti sostenibili, incentivando così l'industria a produrre soluzioni più verdi.

7. **Infrastrutture Sostenibili**: Gli investimenti in infrastrutture, come trasporti pubblici ecologici, reti energetiche rinnovabili e infrastrutture idriche efficienti, possono ridurre l'impatto ambientale e allo stesso tempo creare posti di lavoro.

8. **Valutazione d'Impatto Ambientale**: Prima di avviare grandi progetti, dovrebbe essere obbligatoria una valutazione approfondita delle potenziali conseguenze ambientali, garantendo che qualsiasi sviluppo sia sostenibile.

9. **Incorporare la Sostenibilità nelle Politiche**: La sostenibilità non dovrebbe essere un'aggiunta, ma piuttosto integrata in tutte le politiche governative, garantendo che le decisioni in settori come l'agricoltura, la sanità, l'istruzione e l'industria siano prese considerando l'impatto ambientale.

10. **Accountability e Trasparenza**: I governi dovrebbero essere trasparenti nelle loro azioni riguardo alla sostenibilità, permettendo ai cittadini di tenere d'occhio le promesse e i risultati ottenuti.

In conclusione, la regolamentazione e le politiche pubbliche svolgono un ruolo fondamentale nel plasmare il percorso verso un'economia sostenibile. Attraverso un mix di incentivi, regolamentazioni, investimenti e collaborazioni, i governi hanno il potere e la responsabilità di guidare la società verso un futuro più verde e sostenibile.

Nell'arena delle politiche pubbliche e della regolamentazione, è essenziale analizzare come e perché i governi dovrebbero intervenire per promuovere l'economia verde. Guardando più da vicino, possiamo osservare una serie di approcci strategici e metodologici che i governi possono adottare.

Interventi Volontari vs. Obbligatori: Mentre alcune iniziative sostenibili sono basate su programmi volontari, altre richiedono un intervento obbligatorio. Ad esempio, un'azienda potrebbe volontariamente decidere di utilizzare energia rinnovabile, ma se ci fosse una regolamentazione che imponesse limiti alle emissioni di carbonio, diventerebbe un obbligo. Il bilanciamento tra questi due approcci dipende da fattori come la prontezza del mercato, la maturità delle tecnologie disponibili e l'accettazione pubblica.

Regolamentazione vs. Mercato: Ci sono dibattiti sulla questione se sia più efficace regolamentare direttamente le emissioni e le pratiche ambientali o se sia meglio utilizzare meccanismi di mercato, come il commercio di emissioni. Mentre la regolamentazione può fornire chiarezza e certezza, i meccanismi di mercato possono offrire flessibilità e incentivi economici.

Consultazione Pubblica e Stakeholder: La creazione di regolamentazioni e politiche efficaci richiede una profonda comprensione delle sfide e delle opportunità specifiche di un settore. Pertanto, consultare una vasta gamma di stakeholder, inclusi esperti di settore, ONG, comunità locali e rappresentanti del settore privato, può fornire una visione più completa e contribuire a formulare politiche più efficaci.

Risposta Regionale: Poiché le sfide ambientali possono variare da una regione all'altra, può essere necessario adottare approcci differenziati. Ad esempio, una zona con abbondanza di risorse idroelettriche potrebbe concentrarsi sulla promozione di questa forma di energia, mentre un'area con forte esposizione solare potrebbe investire maggiormente nell'energia solare.

Monitoraggio e Revisione: Con l'evoluzione della scienza, della tecnologia e delle condizioni di mercato, le politiche e le regolamentazioni devono essere periodicamente riviste. Questo garantisce che rimangano rilevanti e efficaci nel tempo.

Formazione e Sviluppo delle Competenze:
Per assicurare che le politiche pubbliche siano
efficaci, è essenziale che coloro che le
implementano abbiano le competenze necessarie.
Ciò può richiedere programmi di formazione per
funzionari pubblici, consulenti e altre parti
interessate.

Diffusione dell'Informazione: Spesso, le
regolamentazioni e le politiche possono risultare
complesse e difficili da comprendere per il
grande pubblico o per le piccole imprese. È
essenziale che i governi investano nella diffusione
di informazioni chiare e accessibili, utilizzando
vari mezzi come siti web, seminari, workshop e
materiali stampati.

Collaborazione Inter-Governativa: Le
questioni ambientali sono spesso
transfrontaliere. Ad esempio, un fiume può
attraversare più paesi, e l'inquinamento in un
paese può influenzare l'acqua potabile in un
altro. Pertanto, la collaborazione tra governi a
livello regionale o internazionale può essere
essenziale per affrontare efficacemente tali sfide.
In definitiva, la via verso un'economia verde
richiede un approccio multifattoriale e
multilaterale. La regolamentazione e le politiche
pubbliche sono solo una parte dell'equazione, ma
una parte essenziale, poiché creano le condizioni

favorevoli per una transizione verso una maggiore sostenibilità.

Strumenti Fiscali e Incentivi: Una delle principali leve che i governi hanno a disposizione per influenzare il comportamento delle aziende e dei consumatori sono gli strumenti fiscali. Tasse, sovvenzioni e incentivi possono essere utilizzati per indirizzare il comportamento economico in una direzione più sostenibile. Ad esempio, tassare pesantemente i combustibili fossili mentre si forniscono incentivi per l'energia rinnovabile può rendere quest'ultima più competitiva dal punto di vista dei costi.

Standard e Certificazioni: Gli standard di sostenibilità e le certificazioni ecologiche possono aiutare a stabilire una base minima di performance ambientale per prodotti e servizi. Marchi come l'Etichetta Ecolabel dell'UE o l'Energy Star negli Stati Uniti aiutano i consumatori a identificare e scegliere prodotti più sostenibili, incentivando così le aziende a migliorare le loro pratiche.

Ricerca e Sviluppo: Per passare a un'economia verde, è essenziale che vi siano investimenti significativi in ricerca e sviluppo. Questo può riguardare nuove tecnologie energetiche, metodi agricoli sostenibili o nuovi materiali biodegradabili. I fondi governativi per la R&S

possono catalizzare l'innovazione in questi settori chiave.

Educazione e Sensibilizzazione: Oltre alle politiche dirette e alle regolamentazioni, la sensibilizzazione e l'educazione del pubblico giocano un ruolo cruciale. Le persone devono comprendere le sfide ambientali, le possibili soluzioni e il loro ruolo individuale nel contribuire a un futuro più sostenibile. Le campagne di sensibilizzazione possono portare a un cambiamento del comportamento dei consumatori, rendendo più efficaci le politiche pubbliche.

Investimenti Pubblici: I governi, in quanto grandi acquirenti di beni e servizi, possono guidare il mercato attraverso le loro scelte di acquisto. L'adozione di criteri di acquisto verde per gli appalti pubblici può creare una domanda significativa per prodotti e servizi sostenibili, incentivando le aziende a migliorare le loro offerte.

Partenariati Pubblico-Privato: In molti settori, la collaborazione tra governi e imprese può accelerare la transizione verso un'economia verde. Questi partenariati possono aiutare a condividere risorse, conoscenze e rischi, rendendo possibile l'adozione di soluzioni sostenibili su larga scala.

Zoning e Pianificazione Urbana: In un mondo sempre più urbanizzato, le decisioni su come costruire e gestire le città hanno enormi implicazioni ambientali. La promozione di edifici verdi, la pianificazione di spazi verdi urbani, la promozione di trasporti pubblici efficienti e la regolamentazione dell'uso del suolo possono avere un impatto significativo sulla sostenibilità complessiva di una città.

Misure di Adattamento: Mentre la mitigazione si concentra sulla prevenzione dei cambiamenti climatici, l'adattamento riguarda la gestione dei cambiamenti che stanno già accadendo. Ciò può includere la costruzione di barriere contro l'innalzamento del livello del mare, la ricollocazione di comunità vulnerabili o la promozione di pratiche agricole resilienti al clima.

Questi diversi approcci mostrano la vastità e la complessità delle opzioni a disposizione dei governi per promuovere un'economia verde. Non vi è una soluzione unica per tutti, e la scelta delle politiche e delle regolamentazioni adeguate dipenderà dal contesto specifico di ciascun paese o regione.

Trattati e Accordi Internazionali:
L'economia verde non può essere trattata come
una questione isolata. L'interconnessione globale
delle economie richiede un impegno collettivo dei
paesi per raggiungere obiettivi di sostenibilità.
Accordi come l'Accordo di Parigi sul clima
stabiliscono impegni e obiettivi per i paesi
membri, mirando a limitare l'innalzamento delle
temperature globali. Questi accordi non solo
forniscono una roadmap per l'azione, ma creano
anche un senso di responsabilità e accountability
tra le nazioni.

Legislazione Ambientale: Le leggi che
stabiliscono norme ambientali rigorose sono
fondamentali per garantire che le aziende
operino entro limiti sostenibili. Queste leggi
possono riguardare emissioni inquinanti,
gestione dei rifiuti, conservazione dell'acqua,
protezione della biodiversità e molto altro. Una
legislazione efficace richiede meccanismi di
controllo e sanzioni per coloro che non rispettano
le regole.

Meccanismi di Mercato: Oltre alla
regolamentazione diretta, ci sono meccanismi
basati sul mercato che possono essere utilizzati
per promuovere comportamenti sostenibili. Uno
di questi è il sistema di "cap and trade" per le
emissioni di carbonio, che limita le emissioni
complessive e consente alle aziende di comprare

e vendere diritti di emissione. Questo approccio cerca di trovare un equilibrio tra efficienza economica e obiettivi ambientali.

Green Bonds e Finanza Sostenibile: Con l'aumento della consapevolezza dell'importanza della sostenibilità, sono emerse nuove opportunità finanziarie come i green bonds. Questi strumenti finanziari sono emessi per finanziare progetti specificamente destinati a benefici ambientali, offrendo alle aziende e ai governi un modo per finanziare iniziative sostenibili mentre forniscono agli investitori l'opportunità di sostenere tali iniziative.

Consumo e Produzione Responsabili: I governi possono promuovere modelli di consumo e produzione responsabile attraverso campagne educative, normative e incentivi. Questo può includere la promozione di prodotti a basso impatto, l'encouragement della riduzione dei rifiuti e la spinta verso modelli di produzione più efficienti.

Inclusione delle Parti Interessate: Un approccio efficace alla regolamentazione e alle politiche pubbliche richiede l'input e la collaborazione di una vasta gamma di parti interessate, tra cui imprese, ONG, gruppi indigeni e cittadini. Includere queste voci nel processo decisionale assicura che le politiche siano ben informate, equilibrate e attuabili.

Trasparenza e Accountability: Per garantire che le aziende e i governi rispettino gli impegni presi in termini di sostenibilità, è essenziale avere meccanismi di trasparenza e accountability. Questo può includere la divulgazione obbligatoria delle informazioni, report annuali sulle performance ambientali e meccanismi di controllo indipendenti.

Economia Verde e Commercio: Le politiche commerciali possono influenzare in modo significativo l'adozione di pratiche sostenibili. Tariffe, accordi commerciali e normative possono essere strutturati per favorire l'importazione e l'esportazione di beni e servizi verdi, incentivando così una produzione più sostenibile a livello globale.

Attraverso questi meccanismi e strumenti, i governi hanno una vasta gamma di opzioni per guidare la transizione verso un'economia verde, riconoscendo al contempo la necessità di equilibrare gli obiettivi ambientali, economici e sociali.

Regolamentazione e Politiche Pubbliche: Ruolo dei Governi nell'Economia Verde

La regolamentazione e le politiche pubbliche svolgono un ruolo fondamentale nel plasmare la direzione e la velocità con cui le nazioni si muovono verso un'economia verde. Questa transizione non è soltanto una questione di buona volontà o iniziative isolate; richiede un approccio strutturato e coeso che integri le diverse leve del potere pubblico.

Innanzitutto, i governi, con la loro capacità normativa, hanno la responsabilità di creare un quadro normativo che incoraggi le buone pratiche e penalizzi quelle non sostenibili. La legge può non solo limitare comportamenti dannosi, ma anche incentivare comportamenti positivi attraverso sgravi fiscali, sovvenzioni o crediti.

La definizione di tali politiche, tuttavia, non è un compito semplice. Necessita di un'analisi attenta degli impatti ambientali, economici e sociali. Ad esempio, mentre una tassa sul carbonio può essere efficace nel ridurre le emissioni, potrebbe anche avere effetti collaterali non voluti sulle fasce più vulnerabili della popolazione se non accompagnata da altre misure correttive.

Oltre alle leggi e alle regolamentazioni dirette, i governi possono utilizzare altri strumenti per

guidare il comportamento economico. Gli incentivi finanziari, come i green bonds o i crediti fiscali per investimenti sostenibili, possono rendere più attraente per le aziende adottare pratiche ecologiche. Allo stesso tempo, le penalizzazioni economiche possono disincentivare comportamenti non sostenibili.
Un altro aspetto fondamentale è l'educazione e la sensibilizzazione. Un pubblico ben informato è più propenso a sostenere politiche ambiziose e a fare scelte di consumo responsabili. Pertanto, le campagne di informazione, la formazione nelle scuole e l'incoraggiamento alla ricerca sulle tematiche verdi sono fondamentali.
Infine, la cooperazione internazionale è essenziale. Molti problemi ambientali, come il cambiamento climatico, superano i confini nazionali e richiedono risposte coordinate. Gli accordi internazionali e le partnership possono aiutare a standardizzare le pratiche, condividere le conoscenze e mobilitare risorse in modo più efficace.

In conclusione, mentre l'economia verde può sembrare un concetto ampio e a volte astratto, il ruolo dei governi nella sua promozione è tangibile e diretto. Attraverso una combinazione di politiche, regolamentazioni, incentivi e collaborazioni, i governi non solo possono, ma devono guidare la transizione verso un futuro più sostenibile. Questa è una responsabilità che va oltre le differenze politiche o ideologiche, poiché riguarda il benessere e la sostenibilità del nostro pianeta e delle generazioni future.

10. Ruolo degli investitori e del capitale: Finanza sostenibile e investimenti verdi.

Ruolo degli Investitori e del Capitale: Finanza Sostenibile e Investimenti Verdi
Negli ultimi anni, la finanza sostenibile e gli investimenti verdi sono diventati termini sempre più popolari e riconosciuti nel panorama finanziario globale. La crescente consapevolezza delle sfide ambientali, sociali e di governance (ESG) ha portato investitori, banche e istituzioni finanziarie a riconsiderare come e dove investono i loro capitali. Ma qual è esattamente il ruolo degli investitori e del capitale in questo contesto?

1. **Cos'è la Finanza Sostenibile?** La finanza sostenibile mira a integrare considerazioni ambientali, sociali e di governance (ESG) nelle decisioni di investimento, al fine di ottenere rendimenti finanziari a lungo termine e generare benefici positivi per la società e l'ambiente.

2. Investimenti Verdi e Obbligazioni Verdi
Gli investimenti verdi sono quelli indirizzati verso progetti e iniziative che hanno un impatto positivo sull'ambiente, come l'energia rinnovabile, la gestione sostenibile delle risorse idriche o la costruzione eco-compatibile. Le obbligazioni verdi, in particolare, sono strumenti di debito emessi per finanziare progetti con benefici ambientali.

3. Investitori come Agenti di Cambiamento Con trilioni di dollari in gestione, gli investitori istituzionali (come fondi pensione, fondazioni e assicurazioni) hanno un enorme potere nel determinare la direzione degli investimenti globali. Quando questi investitori danno priorità ai criteri ESG, possono indirizzare enormi somme di denaro verso progetti sostenibili, accelerando la transizione verso un'economia verde.

4. Il Ruolo della Trasparenza e della Reporting Affinché gli investitori prendano decisioni informate, è fondamentale avere accesso a dati precisi e affidabili sui rischi e le opportunità ESG. Le aziende che forniscono report dettagliati e trasparenti sulle loro pratiche ESG sono spesso premiate con maggiore interesse da parte degli investitori sostenibili.

5. Rischi e Opportunità Gli investitori riconoscono sempre più che i rischi legati ai cambiamenti climatici, alle sfide sociali e alle questioni di governance possono influire negativamente sui loro portafogli. Allo stesso tempo, la transizione verso un'economia più verde offre numerose opportunità di investimento in settori come le energie rinnovabili, l'efficienza energetica e la mobilità sostenibile.

6. Spingere per la Responsabilità Corporativa Oltre a indirizzare il capitale verso investimenti sostenibili, gli investitori possono esercitare pressioni sulle aziende affinché adottino pratiche più sostenibili, partecipando attivamente alle assemblee degli azionisti e promuovendo iniziative di shareholder activism. In conclusione, la finanza sostenibile rappresenta un potente strumento per accelerare la transizione verso un'economia verde e sostenibile. Gli investitori, armati della capacità di indirizzare ingenti somme di capitale, hanno un ruolo cruciale nel plasmare il futuro del nostro pianeta. Con l'interesse crescente per gli investimenti ESG, c'è motivo di sperare in una crescente integrazione della sostenibilità nel cuore del sistema finanziario globale.

Il valore della finanza sostenibile nella società moderna

Man mano che l'economia globale si evolve, anche la percezione e la comprensione della finanza stanno subendo una metamorfosi. La finanza, un tempo vista principalmente come un mezzo per ottenere profitti, è ora sempre più vista come uno strumento che può essere utilizzato per creare un impatto positivo nella società e nell'ambiente. Questa transizione è evidente nel crescente interesse per la finanza sostenibile e gli investimenti verdi.

Impatti diretti e indiretti degli investimenti sostenibili Gli effetti di investire in progetti sostenibili vanno ben oltre il ritorno finanziario. Ad esempio, investire in energia rinnovabile non solo garantisce un ritorno economico, ma riduce anche la dipendenza dai combustibili fossili, riducendo le emissioni di CO_2 e creando posti di lavoro in un settore in crescita. Questi benefici collaterali, o esternalità positive, rafforzano ulteriormente il caso a favore degli investimenti sostenibili.

Strumenti e piattaforme per gli investimenti verdi Con l'aumento della domanda di opportunità di investimento verde, sono emerse nuove piattaforme e strumenti che facilitano l'accesso a tali opportunità. Ad esempio, ci sono piattaforme di crowdfunding dedicate esclusivamente a progetti verdi o sostenibili. Allo stesso modo, ci sono indici borsistici che tracciano le prestazioni delle aziende che seguono rigorosi criteri ESG.

Evoluzione delle normative Mentre la finanza sostenibile guadagna trazione, le normative stanno cercando di stare al passo. In molte giurisdizioni, la divulgazione delle pratiche ESG sta diventando obbligatoria, garantendo che gli investitori abbiano una visione chiara e trasparente dell'impatto sostenibile delle loro decisioni di investimento. Queste normative, pur mettendo in evidenza la sostenibilità, servono anche a prevenire il "greenwashing", una pratica in cui le aziende si presentano come più verdi di quanto effettivamente non siano.

Ricerca e formazione in finanza sostenibile La crescente domanda di professionisti nel campo della finanza sostenibile ha portato a una maggiore offerta di corsi, certificazioni e formazioni specializzate. Università e istituzioni formative in tutto il mondo stanno integrando la finanza sostenibile nei loro programmi, preparando la prossima generazione di professionisti finanziari a lavorare in un mondo in cui l'ambiente e la società sono considerati tanto quanto il profitto.

L'importanza della collaborazione inter-settoriale Per realizzare appieno il potenziale della finanza sostenibile, è essenziale una collaborazione tra diversi settori. Banche, istituzioni finanziarie, ONG, governi e settore privato devono lavorare insieme per creare un ecosistema che favorisca gli investimenti sostenibili. Questa collaborazione inter-settoriale può portare a soluzioni innovative, come nuovi prodotti finanziari che beneficiano sia gli investitori che la società nel suo complesso.

In definitiva, la finanza sostenibile rappresenta una significativa evoluzione nel modo in cui vediamo e utilizziamo il denaro. Non si tratta solo di ottenere rendimenti finanziari, ma di come questi rendimenti possono beneficiare il mondo intorno a noi.

Obiettivi di Sviluppo Sostenibile (SDG) e investimenti verdi

Le Nazioni Unite hanno definito 17 Obiettivi di Sviluppo Sostenibile (SDG) per affrontare le sfide globali, inclusi quelli legati alla povertà, all'uguaglianza e al cambiamento climatico. Gli investitori stanno diventando sempre più consapevoli di come i loro portafogli possano contribuire a questi obiettivi. Di conseguenza, l'allineamento degli investimenti agli SDG è diventato una tendenza emergente nel mondo della finanza sostenibile.

Bond verdi e obbligazioni sostenibili

Gli strumenti finanziari come i bond verdi sono in rapido sviluppo e offrono ai detentori un ritorno finanziario, oltre a finanziare progetti che hanno benefici ambientali concreti. Le obbligazioni sostenibili vanno oltre, finanziando progetti che affrontano sia questioni ambientali che sociali.

L'importanza dell'analisi ESG

L'analisi ESG (Ambiente, Sociale e Governance) è diventata un pilastro nel processo decisionale degli investitori. Consente di valutare le prestazioni di un'azienda non solo sulla base dei suoi rendimenti finanziari, ma anche in termini di impatto ambientale, coinvolgimento sociale e governance aziendale. Le aziende con punteggi ESG elevati sono spesso viste come meno rischiose e più resiliente a lungo termine.

Fondi e ETF sostenibili

I fondi di investimento sostenibili e gli ETF (fondi negoziati in borsa) che seguono principi ESG stanno diventando sempre più popolari. Questi strumenti permettono agli investitori di diversificare i loro portafogli, mentre allo stesso tempo investono in modo responsabile.

Il ruolo delle banche nell'investimento verde

Le banche hanno un ruolo cruciale nel plasmare il futuro della finanza sostenibile. Molti istituti bancari stanno iniziando a offrire prestiti verdi, ad esempio, che sono destinati a finanziare progetti sostenibili. Questi prestiti possono avere termini più favorevoli o tassi di interesse ridotti, riflettendo il minore rischio associato ai progetti verdi e sostenibili.

La crescita del venture capital sostenibile

Il venture capital sta iniziando a vedere il valore degli investimenti sostenibili. Molti VC stanno ora esplorando start-up che non solo offrono ritorni finanziari, ma che hanno anche un impatto ambientale o sociale positivo. Questo cambio di paradigma indica una crescente comprensione che il valore può essere trovato non solo nella redditività, ma anche nell'impatto.

Definizione di 'greenwashing' e come evitarlo

Mentre la finanza verde guadagna popolarità, c'è il pericolo che alcune aziende o fondi possano esagerare o falsamente pubblicizzare le loro credenziali verdi, un fenomeno noto come 'greenwashing'. Gli investitori, pertanto, devono essere diligenti e informarsi adeguatamente per distinguere tra aziende veramente sostenibili e quelle che semplicemente si presentano come tali.

L'evoluzione delle metriche di sostenibilità

Oltre ai tradizionali indicatori finanziari, le metriche di sostenibilità stanno diventando fondamentali per valutare le prestazioni delle aziende. Questi includono l'uso dell'acqua, l'intensità di carbonio, la diversità della forza lavoro, tra gli altri. La standardizzazione e l'accettazione di tali metriche aiutano gli investitori a confrontare le aziende e a prendere decisioni informate.

L'importanza di tali tendenze nella finanza sostenibile è chiara. Con l'ambiente e la società al centro delle decisioni finanziarie, c'è una crescente speranza che il mondo degli affari possa giocare un ruolo chiave nel plasmare un futuro più sostenibile e giusto.

L'emergere della finanza d'impatto

La finanza d'impatto, che si concentra sull'ottenimento di benefici sociali e ambientali insieme a rendimenti finanziari, sta guadagnando sempre più terreno. Gli investitori d'impatto cercano di generare un impatto positivo misurabile oltre a un rendimento sul capitale. Questo va oltre la semplice esclusione di aziende non etiche dai portafogli o l'investimento in aziende con buone credenziali ESG; si tratta di investimenti diretti in progetti e iniziative che hanno l'obiettivo primario di migliorare il mondo.

L'ascesa dei "green loans"

Parallelamente ai bond verdi, i "green loans" stanno emergendo come un altro strumento per finanziare progetti ecologici. Questi prestiti sono spesso strutturati con termini favorevoli per incentivare progetti sostenibili e possono includere riduzioni dei tassi di interesse una volta raggiunti determinati obiettivi ambientali.

Misure di rischio legate al clima nei portafogli di investimento

Mentre il cambiamento climatico diventa una realtà sempre più tangibile, gli investitori stanno cercando di comprendere e misurare i rischi legati al clima nei loro portafogli. Ciò può includere l'esposizione a attività legate ai combustibili fossili, rischi di inondazioni o siccità in determinate aree geografiche o l'impatto delle politiche governative sul carbonio.

Riserva per investimenti in infrastrutture verdi

Le infrastrutture verdi, come i parchi eolici, le reti di trasporto pulito e le infrastrutture per l'acqua pulita, richiedono enormi capitali iniziali. Tuttavia, offrono spesso flussi di entrate stabili e prevedibili una volta operativi. Gli investitori, in particolare quelli istituzionali come i fondi pensione, stanno iniziando a riservare una porzione dei loro portafogli per tali investimenti.

Standard globali e benchmarking per investimenti verdi

Con la proliferazione di prodotti finanziari verdi, sta emergendo una necessità di standardizzazione. Organizzazioni internazionali e coalizioni di mercato stanno lavorando per stabilire standard e benchmark chiari per definire cosa costituisca un "investimento verde" e come valutare l'impatto di tali investimenti.

L'evoluzione del ruolo dei consulenti finanziari

I consulenti finanziari giocano un ruolo cruciale nella diffusione della finanza sostenibile. Molti investitori dipendono dai loro consulenti per comprendere le opzioni disponibili e prendere decisioni informate. Con la crescente domanda di investimenti sostenibili, i consulenti sono sempre più equipaggiati con formazione e risorse per guidare i clienti attraverso le opzioni di investimento verde.

L'importanza dell'educazione e della formazione finanziaria verde

Nonostante l'ascesa della finanza sostenibile, esiste ancora un divario di conoscenza tra molti professionisti del settore finanziario e gli investitori riguardo alle pratiche e ai principi dell'investimento verde. L'educazione e la formazione rivestono un ruolo chiave nel colmare questo divario e nel garantire che gli investitori abbiano le informazioni necessarie per prendere decisioni informate.

Nel complesso, la crescente integrazione di considerazioni ambientali, sociali e di governance nei processi di investimento sta ridefinendo il modo in cui gli investitori vedono il valore e il rischio. Con l'urgente necessità di affrontare le sfide ambientali globali, l'investimento verde non è solo una tendenza, ma una necessità per garantire un futuro sostenibile per tutti.

Conclusione: Ruolo degli investitori e del capitale nel contesto dell'economia verde

La finanza sostenibile e gli investimenti verdi sono diventati pilastri centrali nella costruzione di un futuro resiliente e sostenibile per il pianeta. L'intera architettura finanziaria sta subendo una metamorfosi, non solo per adeguarsi a un mondo che cambia, ma anche per guidare attivamente tale cambiamento.

La crescente consapevolezza dei rischi associati ai cambiamenti climatici, unita alla pressione degli stakeholder e all'attrattiva dei rendimenti potenzialmente elevati in settori come le energie rinnovabili, ha spinto gli investitori a rivalutare dove e come collocare il loro capitale. Questo

cambio di mentalità ha posto la finanza al centro degli sforzi globali per combattere i cambiamenti climatici e promuovere la sostenibilità.
Il ruolo del capitale in questa transizione non può essere sottovalutato. Si stima che saranno necessari trilioni di dollari di investimenti per realizzare la transizione verso un'economia a basse emissioni di carbonio e resiliente ai cambiamenti climatici. Gli investitori non solo hanno l'opportunità, ma anche la responsabilità, di guidare questa trasformazione, assicurando che il capitale fluisca verso soluzioni sostenibili e innovative.

Ma la responsabilità non è solo degli investitori. Le aziende, grandi e piccole, devono riconoscere e comunicare il valore di modelli di business sostenibili e resilienti, attrarrendo così capitale da investitori consapevoli. Parallelamente, è imperativo che i regolatori e i decisori politici creino un ambiente favorevole, attraverso incentivi, regolamentazioni chiare e trasparenza, che incoraggi gli investimenti verdi.

Inoltre, la standardizzazione e la trasparenza sono fondamentali per garantire che "verde" significhi veramente verde. Con l'emergere di una miriade di prodotti finanziari che sostengono di essere "sostenibili", "verdi" o "d'impatto", c'è un rischio reale di "greenwashing". L'istituzione di standard chiari, benchmark di riferimento e processi di verifica, come quelli proposti da varie organizzazioni internazionali, assicurerà che il capitale venga effettivamente diretto verso soluzioni autenticamente sostenibili.

Infine, l'educazione finanziaria sostenibile riveste un ruolo centrale nel garantire che gli investitori, sia istituzionali che individuali, siano adeguatamente equipaggiati per navigare nel crescente universo della finanza verde. Solo con una comprensione profonda e informata degli strumenti, delle strategie e dei rischi associati, gli investitori potranno fare scelte che siano allineate non solo ai loro obiettivi finanziari, ma anche ai loro valori e alla loro visione di un futuro sostenibile.

In sintesi, mentre ci troviamo all'inizio di un'epoca definita dalla fusione di finanza e sostenibilità, è evidente che il capitale e gli investitori avranno un ruolo chiave nel plasmare il futuro del nostro pianeta. E se guidati con intenzionalità, visione e collaborazione, gli investimenti verdi possono effettivamente catalizzare un cambiamento trasformativo nella direzione di un mondo più verde, giusto e prospero.

11. Commercio e globalizzazione: Come l'economia verde influenza e viene influenzata dal commercio internazionale.

Commercio e globalizzazione nel contesto dell'economia verde

Nell'era della globalizzazione, le nazioni sono più interconnesse che mai attraverso una rete intricata di scambi commerciali. La portata e la velocità dei flussi commerciali, unitamente alla crescente consapevolezza dei problemi ambientali, hanno dato origine a nuove dinamiche tra commercio e sostenibilità ambientale.

Interconnessione tra commercio verde e globalizzazione

1. **Standard Ambientali:** Con la crescente domanda di prodotti sostenibili, molti paesi hanno iniziato a imporre standard ambientali più rigorosi per le merci importate. Questo può spingere i produttori di paesi esportatori a adottare pratiche più sostenibili per accedere a mercati più ampi.

2. **Barriere commerciali e "Green Tariffs":** Alcuni paesi hanno adottato dazi o restrizioni basati su criteri ambientali. Se da un lato ciò può incentivare le pratiche sostenibili, dall'altro può essere visto come una barriera protezionistica

mascherata e potrebbe portare a tensioni commerciali.

3. **Catene di approvvigionamento sostenibili:** La globalizzazione ha reso le catene di approvvigionamento più complesse. C'è una crescente pressione da parte dei consumatori, degli investitori e delle ONG affinché le aziende garantiscano che le loro catene di approvvigionamento siano etiche e sostenibili dal punto di vista ambientale.

4. **Competitività e "Green Race":** L'attenzione all'ambiente può diventare un vantaggio competitivo. Paesi e aziende che adottano tecnologie verdi possono posizionarsi come leader nel mercato globale dell'economia verde.

5. **Trasferimento di tecnologia verde:** La globalizzazione ha facilitato il trasferimento di tecnologie sostenibili attraverso le frontiere. Paesi più avanzati possono esportare tecnologie verdi verso paesi in via di sviluppo, aiutando questi ultimi a saltare alcune fasi industriali più inquinanti.

Sfide e tensioni

1. **Disuguaglianza ambientale:** Mentre alcuni paesi possono avere le risorse per transire verso un'economia verde, altri potrebbero rimanere indietro. Questo può creare una "disuguaglianza ambientale", dove alcuni paesi sopportano un onere ambientale maggiore.

2. **Delocalizzazione dell'inquinamento:** La rigorosa regolamentazione ambientale in un paese può spingere le aziende a spostare la produzione in paesi con normative meno severe, un fenomeno noto come "spostamento dell'inquinamento".

Conclusione

La relazione tra commercio, globalizzazione e economia verde è multifaccettata e complessa. Mentre la globalizzazione può offrire opportunità per promuovere la sostenibilità ambientale, presenta anche diverse sfide. Una cooperazione internazionale efficace, accompagnata da regolamentazioni e politiche informate, è cruciale per garantire che la globalizzazione lavori a favore dell'obiettivo di un futuro sostenibile. La chiave sarà equilibrare le esigenze economiche con quelle ambientali in un contesto globalizzato.

Influenza dell'economia verde sul commercio internazionale

L'ascesa dell'economia verde ha portato a riconsiderare molte delle dinamiche tradizionali del commercio internazionale:

Accordi Commerciali e Considerazioni Ambientali

Negli ultimi anni, abbiamo assistito a una crescente integrazione delle considerazioni ambientali negli accordi commerciali internazionali. Questi nuovi accordi spesso contengono clausole che promuovono la protezione dell'ambiente e la sostenibilità, riconoscendo che il commercio non dovrebbe andare a scapito dell'ambiente.

Etichettatura Ambientale e Commercio

L'etichettatura ambientale è diventata uno strumento cruciale nel commercio internazionale. Prodotti come caffè, legno e pesce ora hanno certificazioni che indicano la loro sostenibilità. Queste etichette forniscono ai consumatori la possibilità di fare scelte informate e possono influenzare le decisioni di acquisto, spingendo le aziende a rispettare standard ambientali più alti.

Rischi e Opportunità per i Paesi in Via di Sviluppo

Mentre l'economia verde offre molte opportunità, presenta anche sfide particolari per i paesi in via di sviluppo. L'adozione di standard ambientali potrebbe richiedere investimenti significativi in nuove tecnologie o metodi di produzione. Tuttavia, l'adeguamento può anche aprire nuovi mercati per i loro prodotti, in particolare nei paesi sviluppati dove la domanda di prodotti sostenibili è in aumento.

Economia Verde e Competitività

L'adozione di pratiche sostenibili può inizialmente comportare costi più elevati per le imprese. Tuttavia, nel lungo termine, può portare a una maggiore efficienza, riduzione dei costi e un'immagine di marca più forte, posizionando le imprese in modo vantaggioso sul mercato globale.

L'economia verde come "Soft Power"

Alcune nazioni hanno abbracciato l'economia verde come parte della loro strategia di "soft power", cercando di influenzare e attrarre altre nazioni attraverso l'esempio positivo e la leadership in materia di sostenibilità. Questo può avere ripercussioni anche nelle dinamiche commerciali, con paesi che si posizionano come leader nell'export di tecnologie verdi o soluzioni sostenibili.

Implicazioni per le Supply Chain
Le imprese globali stanno rivedendo le loro
catene di approvvigionamento alla luce degli
obiettivi di sostenibilità. Questo può significare la
selezione di fornitori che aderiscono a pratiche
sostenibili, la riduzione della lunghezza delle
catene di approvvigionamento per ridurre
l'impronta di carbonio o l'investimento in
tecnologie che riducono l'impatto ambientale del
trasporto.

**Considerazioni sull'Equità nel Commercio
Verde**
Mentre la spinta verso un commercio più verde è
lodevole, è essenziale che tale transizione
avvenga in modo equo. Ciò significa considerare
le implicazioni per i piccoli produttori, garantire
che i paesi in via di sviluppo abbiano accesso a
tecnologie verdi e garantire che le considerazioni
ambientali non vengano utilizzate come pretesto
per il protezionismo commerciale.

Il panorama del commercio internazionale è in
continua evoluzione sotto l'influenza
dell'economia verde. La chiave per navigare con
successo in questo nuovo paesaggio sarà
l'equilibrio tra obiettivi economici, ambientali e
sociali.

Barriere Tariffarie e Non Tariffarie

Man mano che la sostenibilità e l'ambiente diventano preoccupazioni centrali nel commercio internazionale, emerge la questione delle barriere tariffarie e non tariffarie. Alcuni paesi potrebbero imporre tasse o dazi sulle importazioni che non soddisfano determinati standard ambientali. Se da un lato queste misure possono promuovere la produzione sostenibile, dall'altro potrebbero essere viste come meccanismi protezionistici, potenzialmente in violazione degli accordi dell'Organizzazione Mondiale del Commercio (OMC).

Standard e Normative Ambientali

Gli standard ambientali sono diventati centrali nelle discussioni commerciali. Questi possono variare da paese a paese, rendendo difficile per le aziende adattare i loro prodotti a mercati diversi. La standardizzazione di queste norme, o almeno il riconoscimento reciproco, può facilitare il commercio, ma richiede negoziati internazionali e accordi multilaterali.

L'importanza dei Consumatori nel Plasmare il Commercio

I consumatori stanno diventando sempre più consapevoli delle questioni ambientali, e le loro scelte di acquisto riflettono questa crescente consapevolezza. Questa tendenza sta influenzando le decisioni delle aziende sul tipo di prodotti da produrre e come produrli. Aziende che adottano pratiche sostenibili e trasparenti possono godere di un vantaggio competitivo sui mercati internazionali.

Impatto delle Infrastrutture Verdi sul Commercio

Le infrastrutture, come i porti, le strade e i trasporti, sono fondamentali per il commercio internazionale. L'investimento in infrastrutture "verdi" o sostenibili non solo riduce l'impatto ambientale ma può anche offrire efficienze che favoriscono il commercio, come la riduzione dei tempi di trasporto e dei costi.

Coinvolgimento delle Parti Interessate

La transizione verso un commercio più verde richiede l'interazione e la cooperazione di molte parti interessate, incluse le aziende, i governi, le organizzazioni internazionali e la società civile. La collaborazione tra questi attori può aiutare a garantire che le politiche e le pratiche siano sia efficaci che eque.

Il Ruolo dei Trattati Ambientali

Numerosi trattati ambientali hanno implicazioni dirette o indirette per il commercio. Ad esempio, l'Accordo di Parigi sul cambiamento climatico ha come obiettivo la riduzione delle emissioni di gas serra, il che potrebbe influenzare le dinamiche commerciali, in particolare nei settori ad alta intensità energetica.

Rischi Associati al Commercio Verde

Mentre il commercio verde offre molte opportunità, presenta anche rischi. Ad esempio, la sovra-reliance su un particolare prodotto "verde" potrebbe rendere una nazione vulnerabile alle fluttuazioni del mercato. Inoltre, una corsa verso la produzione sostenibile potrebbe portare a scelte affrettate che non sono veramente sostenibili a lungo termine.

Queste considerazioni illustrano la complessità delle interazioni tra economia verde e commercio internazionale. Esaminare questi fattori è essenziale per comprendere come l'economia verde stia plasmando e, a sua volta, sia plasmata dal contesto globale del commercio.

Il concetto di "Carbon Border Adjustment"

Con l'urgente necessità di affrontare il cambiamento climatico, alcune economie avanzate stanno valutando o implementando ciò che è conosciuto come "Carbon Border Adjustment" (CBA). Questo meccanismo prevede l'imposizione di tariffe o tasse sulle importazioni da paesi che non aderiscono a determinati standard ambientali o che non hanno politiche di tassazione del carbonio adeguate. Lo scopo del CBA è di livellare il campo di gioco e garantire che le merci prodotte in modo sostenibile non siano penalizzate rispetto a quelle prodotte con standard inferiori.

Le Catene di Fornitura Verdi

Le catene di fornitura rappresentano un componente essenziale del commercio internazionale. Con l'aumento della consapevolezza ecologica, le aziende sono sempre più sotto pressione per assicurarsi che le loro catene di fornitura siano sostenibili. Ciò significa garantire che i fornitori adottino pratiche ecologiche, riducano le emissioni di carbonio e assicurino condizioni di lavoro eque. Alcune aziende stanno anche adottando la tracciabilità dei prodotti per dimostrare ai consumatori l'origine sostenibile delle loro merci.

Zona di Libero Scambio e Ambiente

Le zone di libero scambio (FTA) tra paesi possono includere capitoli sull'ambiente. Questi capitoli possono stabilire standard minimi in materia di protezione ambientale, promuovere la cooperazione in materia di tecnologie verdi o stabilire meccanismi di risoluzione delle controversie legate all'ambiente. Questi accordi possono servire come strumenti per promuovere sia il commercio che la protezione ambientale.

L'Emergere dei "Servizi Verdi" nel Commercio Internazionale

Oltre ai beni, il commercio internazionale include anche servizi. Con l'ascesa dell'economia verde, stiamo assistendo all'emergere dei cosiddetti "servizi verdi". Questi possono includere consulenza sulla sostenibilità, gestione dei rifiuti, servizi di audit energetico, e altro ancora. Questi servizi stanno diventando sempre più richiesti, poiché le aziende cercano di adattarsi a un panorama commerciale sempre più orientato verso la sostenibilità.

L'influenza delle Multinazionali

Le multinazionali svolgono un ruolo fondamentale nel plasmare il paesaggio del commercio internazionale. Molte di queste aziende hanno adottato iniziative di sostenibilità, non solo a causa delle pressioni esterne, ma anche perché vedono un valore commerciale in tali iniziative. Le loro decisioni possono avere ripercussioni su interi settori e catene di approvvigionamento, spingendo verso pratiche più verdi a livello globale.

Sfide del "Greenwashing"

Mentre molte aziende stanno genuinamente cercando di diventare più sostenibili, esiste anche il rischio del "greenwashing", ovvero pratiche attraverso le quali le aziende cercano di apparire più verdi di quanto non siano realmente. Questo rappresenta una sfida per il commercio internazionale, poiché i consumatori e le parti interessate devono distinguere tra aziende autenticamente sostenibili e quelle che semplicemente cercano di sfruttare una tendenza di mercato.

Queste sfaccettature illustrano la profondità e la complessità delle intersezioni tra commercio internazionale ed economia verde. La chiave sarà trovare un equilibrio che promuova la crescita economica, protegga l'ambiente e rispetti le necessità delle comunità locali e dei lavoratori.

L'importanza delle Certificazioni Ambientali

Nel contesto del commercio internazionale, le certificazioni ambientali hanno acquisito una crescente rilevanza. Marchi come Fair Trade, Rainforest Alliance e l'etichetta biologica dell'UE sono diventati segni distintivi che indicano ai consumatori che un prodotto è stato prodotto secondo determinati standard ambientali e sociali. Queste certificazioni non solo aiutano a proteggere l'ambiente, ma possono anche offrire un vantaggio competitivo nelle nicchie di mercato dove la sostenibilità è particolarmente apprezzata.

L'evoluzione delle Normative Doganali

Le dogane svolgono un ruolo fondamentale nel regolamentare e facilitare il commercio internazionale. Negli ultimi anni, molti paesi hanno introdotto normative doganali volte a impedire l'importazione di prodotti realizzati attraverso pratiche ambientalmente dannose o non sostenibili. Queste misure possono includere dazi punitivi, requisiti di tracciabilità o divieti completi su determinate categorie di merci.

La Dichiarazione di Doha sul Commercio e l'Ambiente

Nel 2001, i membri dell'Organizzazione Mondiale del Commercio (OMC) hanno adottato la Dichiarazione di Doha, che ha riconosciuto per la prima volta la necessità di integrare le preoccupazioni ambientali nelle regole del commercio globale. La dichiarazione ha sottolineato la necessità di assicurare che le regole commerciali e le politiche ambientali siano mutuamente di sostegno, ponendo le basi per ulteriori discussioni e negoziati su questo tema cruciale.

Impatto delle Sanzioni Ambientali

Mentre le certificazioni e le regolamentazioni possono promuovere pratiche sostenibili, ci sono momenti in cui i paesi adottano sanzioni per penalizzare coloro che non aderiscono agli standard ambientali. Queste sanzioni possono assumere diverse forme, come l'esclusione dal mercato, tariffe elevate o restrizioni sugli scambi. Tali misure, sebbene controverse, mirano a garantire che i paesi e le aziende non beneficino di pratiche ambientali dannose.

Gli Accordi Bilaterali come veicolo per la Sostenibilità

Mentre gli accordi multilaterali come quelli nell'ambito dell'OMC possono affrontare questioni di commercio e ambiente su scala globale, gli accordi bilaterali tra due paesi offrono un'opportunità per affrontare queste questioni in modo più specifico. Ad esempio, un accordo bilaterale tra un paese sviluppato e uno in via di sviluppo potrebbe includere trasferimenti di tecnologia verde, formazione e risorse per aiutare il paese in via di sviluppo a implementare pratiche più sostenibili.

La crescita del Commercio Elettronico e la Sostenibilità

Il commercio elettronico ha rivoluzionato il modo in cui acquistiamo e vendiamo beni, rendendo il commercio più accessibile a milioni di persone. Tuttavia, la facilità e la velocità delle transazioni online presentano sfide uniche in termini di sostenibilità. L'incremento delle spedizioni, ad esempio, può portare a un maggiore impatto ambientale a causa del trasporto. Allo stesso tempo, il commercio elettronico offre opportunità per la vendita di prodotti sostenibili e per sensibilizzare su questioni ambientali.

L'intersezione tra commercio internazionale ed economia verde è complessa e in continua evoluzione. Mentre si cerca di bilanciare gli imperativi economici con la necessità di proteggere il nostro pianeta, è fondamentale considerare come le politiche commerciali possano essere modellate per promuovere una crescita sostenibile a lungo termine.

Conclusione sull'Influenza dell'Economia Verde nel Commercio Internazionale:

Il commercio internazionale, con la sua complessa rete di interazioni tra nazioni, settori industriali e popolazioni, ha sempre rappresentato un motore fondamentale dell'economia globale. La sua natura intrinsecamente transfrontaliera rende essenziale considerare come le pratiche sostenibili si intreccino con gli scambi globali, in particolare in un'era in cui la crisi ambientale è divenuta una delle principali preoccupazioni a livello mondiale.

L'emergere dell'economia verde ha introdotto una nuova dimensione nel commercio globale. Le certificazioni ambientali, ad esempio, sono diventate strumenti non solo per garantire la sostenibilità dei prodotti, ma anche come meccanismi di fiducia per i consumatori consapevoli. Queste certificazioni sono diventate, in molti casi, sinonimo di qualità, etica e responsabilità, influenzando le decisioni d'acquisto e determinando nuovi flussi commerciali.

Parallelamente, le regolamentazioni e le sanzioni ambientali stanno modellando la topografia del commercio mondiale, stabilendo nuove norme e criteri per l'accesso ai mercati. Questo ha spesso portato a dibattiti sull'equilibrio tra protezione ambientale e libera concorrenza, con alcune voci che mettono in guardia contro il rischio di "protezionismo verde".

Gli accordi bilaterali e multilaterali, nel frattempo, si stanno evolvendo per incorporare clausole e impegni legati alla sostenibilità. L'inclusione di tali disposizioni dimostra una crescente consapevolezza dell'importanza di allineare gli obiettivi commerciali con quelli ambientali.

Inoltre, l'ascesa del commercio elettronico ha introdotto nuove dinamiche e sfide. Se da un lato ha facilitato l'accesso a prodotti sostenibili per un pubblico più ampio, dall'altro ha intensificato la necessità di affrontare questioni come l'impatto del trasporto, l'uso eccessivo di imballaggi e la gestione dei rifiuti.

In sintesi, mentre l'economia verde e il commercio internazionale possono sembrare, a prima vista, due ambiti distanti, in realtà sono profondamente interconnessi. Il futuro del commercio globale dipenderà in gran parte dalla capacità dei paesi, delle aziende e delle istituzioni di integrare principi e pratiche sostenibili in ogni aspetto degli scambi. Questa integrazione rappresenta non solo un imperativo etico e ambientale, ma anche una chiara opportunità economica, poiché i mercati, le risorse e i consumatori si orientano sempre più verso soluzioni rispettose dell'ambiente e della società.

12. Economia circolare: Riduzione, Riutilizzo, Riciclo.

Economia Circolare: Riduzione, Riutilizzo, Riciclo

L'economia circolare è un modello economico progettato per eliminare gli sprechi e la continua necessità di risorse fresche, minimizzando così l'impatto ambientale e ottimizzando l'uso delle risorse esistenti. Basandosi sui principi di "Riduzione, Riutilizzo, Riciclo", cerca di creare un ciclo chiuso in cui i prodotti, una volta raggiunta la fine del loro ciclo di vita, non diventino rifiuti ma risorse per nuovi prodotti.

Questa visione rompe con il tradizionale modello lineare di "prendere, fare, scartare".

1. **Riduzione**: Questo principio si concentra sulla minimizzazione dell'uso delle risorse fin dall'inizio. In termini di design, significa creare prodotti che utilizzino meno materiali, siano più efficienti in termini energetici e abbiano una maggiore durata. La riduzione può anche riguardare il consumo, incentivando i consumatori a comprare meno ma meglio, o optando per servizi invece di prodotti. Ad esempio, il concetto di economia della condivisione, dove le persone condividono risorse come automobili o attrezzature, si basa sulla riduzione del bisogno di possedere oggetti.

2. **Riutilizzo**: Questo concetto si riferisce all'uso ripetuto di un prodotto nel suo stato originale, senza processi di trasformazione significativi. Un esempio classico è la bottiglia di vetro restituibile che viene lavata e riutilizzata. Oggi, il riutilizzo è andato oltre, con piattaforme online che facilitano la vendita, l'acquisto o lo scambio di prodotti usati, come abbigliamento o elettronica. Inoltre, ci sono iniziative come i "repair cafés", dove le persone possono portare oggetti rotti per essere riparati anziché gettarli.

3. **Riciclo**: Il riciclo è il processo di trasformazione dei materiali usati in nuovi prodotti. Ad esempio, la plastica di una bottiglia potrebbe essere riciclata per fare fibre tessili. Il vantaggio del riciclo è che riduce la necessità di risorse vergini, riducendo così l'impatto ambientale associato all'estrazione e alla produzione. Tuttavia, il riciclo non è sempre perfetto: a volte, può comportare una certa degradazione del materiale. Pertanto, l'obiettivo è di combinare il riciclo con gli altri due principi, garantendo che i prodotti siano progettati per essere riutilizzati prima e riciclati solo come ultima opzione.

La transizione verso un'economia circolare è una necessità urgente in un mondo con risorse finite e una crescente popolazione. Mentre i principi di Riduzione, Riutilizzo e Riciclo forniscono una base, la vera trasformazione richiederà innovazioni in design, modelli di business, tecnologia e regolamentazione. Sarà essenziale anche un cambio di mentalità da parte dei consumatori e delle imprese per abbracciare appieno un modello che vede valore, piuttosto che rifiuto, in ciò che è già stato utilizzato.

L'economia circolare, pur essendo oggi un concetto piuttosto diffuso e ampiamente discusso, rappresenta una grande svolta rispetto al tradizionale modello economico lineare, basato su una logica di produzione, consumo e smaltimento. La sua nascita e diffusione sono fortemente legate a una crescente consapevolezza globale riguardo ai limiti delle risorse planetarie e all'insostenibilità del modello di sviluppo precedente.

Dentro l'idea dell'economia circolare, la natura funge da ispirazione. Infatti, in un ecosistema naturale non esistono rifiuti: ogni prodotto di scarto di un organismo diventa risorsa per un altro. Questo flusso circolare di nutrimento e rigenerazione ha mantenuto la vita sulla Terra per miliardi di anni. L'intento dell'economia circolare è emulare questa resilienza e efficienza, reinventando il modo in cui produciamo, consumiamo e viviamo.

Un'importante dimensione dell'economia circolare è la progettazione dei prodotti. L'obiettivo è creare oggetti che possono essere smontati, riparati e, infine, riciclati con facilità. Questo può significare, per esempio, evitare l'uso di colle, rendendo più semplice separare i componenti, o scegliere materiali che possono essere riciclati senza perdere qualità. Questa

"progettazione per la circolarità" rappresenta una nuova frontiera per ingegneri e designer, richiedendo innovazione e creatività.
Inoltre, l'adozione di pratiche di economia circolare può portare vantaggi economici significativi. Meno risorse utilizzate significa costi ridotti. I prodotti progettati per durare più a lungo o essere riutilizzati possono avere un valore di rivendita, creando nuovi flussi di reddito. Allo stesso tempo, aziende che offrono servizi, come la manutenzione o il leasing, piuttosto che vendere prodotti, possono stabilire relazioni a lungo termine con i clienti, generando fonti di guadagno più stabili e sostenibili.
Uno degli ostacoli all'adozione dell'economia circolare è l'attuale infrastruttura basata sull'economia lineare. Ad esempio, i sistemi di raccolta e riciclo dei rifiuti potrebbero non essere attrezzati per gestire una maggiore quantità e varietà di materiali. Le catene di approvvigionamento, costruite intorno all'acquisto di risorse vergini, potrebbero dover essere ristrutturate. Tuttavia, con la giusta volontà politica e investimenti, questi ostacoli possono essere superati.

Un altro fattore cruciale è la sensibilizzazione e l'educazione del pubblico. La trasformazione verso un'economia circolare richiede un cambiamento nel comportamento dei consumatori. Bisogna incentivare la scelta di prodotti sostenibili, il riutilizzo e la riparazione, e minimizzare l'acquisto impulsivo e lo scarto. Le campagne di sensibilizzazione, l'educazione nelle scuole e l'azione dei gruppi di cittadini possono giocare un ruolo fondamentale in questo cambiamento di paradigma.

Infine, mentre l'economia circolare offre una visione del futuro molto più sostenibile rispetto al passato, è essenziale che sia integrata con altre strategie di sostenibilità, come la riduzione delle emissioni di carbonio, la conservazione dell'acqua e la protezione della biodiversità. Solo con un approccio olistico, che tiene conto di tutte queste dimensioni, possiamo sperare di costruire un futuro sostenibile per il nostro pianeta e le generazioni future.

La transizione verso un'economia circolare non è solo una questione di responsabilità ambientale, ma rappresenta anche una significativa opportunità economica. Secondo alcuni studi, l'adozione di pratiche circolari potrebbe generare miliardi di euro di benefici economici annui, solo per l'Europa. Questi benefici derivano dalla riduzione dei costi delle materie prime, dalla creazione di nuovi mercati e opportunità di lavoro e dalla riduzione dei costi associati alla gestione dei rifiuti.

Uno degli aspetti chiave dell'economia circolare è la sua capacità di ridurre la dipendenza dalle risorse naturali. In un mondo dove la popolazione sta crescendo e le risorse si stanno esaurendo rapidamente, la capacità di riutilizzare e riciclare diventa vitale. Questo approccio può aiutare a garantire che le risorse siano disponibili per le generazioni future e che le aziende possano continuare a operare in un contesto di crescente scarsità di risorse.

Una parte essenziale di questo modello è la collaborazione tra diversi settori e industrie. In un'economia tradizionale, le aziende operano spesso in silos, con poco scambio o cooperazione tra di loro. In un modello circolare, c'è un forte incentivo a collaborare, poiché i rifiuti di un'industria possono diventare le risorse di un'altra. Ad esempio, gli scarti agricoli potrebbero essere utilizzati per produrre bioenergia o materiali per l'edilizia.

Un altro elemento fondamentale è l'innovazione. L'adozione di un modello circolare richiede nuove tecnologie, processi e modelli di business. Questo può spaziare dalla creazione di nuovi materiali biodegradabili o compostabili, alla progettazione di prodotti modulabili che possono essere facilmente smontati e riutilizzati, fino all'adozione di modelli di business basati sul servizio piuttosto che sulla vendita di prodotti. Tuttavia, nonostante i suoi molteplici benefici, l'economia circolare presenta anche alcune sfide. Per esempio, vi è una necessità di standardizzazione in molte aree, come i processi di raccolta e riciclo, per garantire che i materiali possano essere riutilizzati in modo efficace. Inoltre, l'infrastruttura esistente, costruita attorno al modello lineare, potrebbe necessitare di importanti investimenti per adattarsi al nuovo paradigma.

C'è anche una dimensione culturale da considerare. L'idea di possedere e scartare è profondamente radicata in molte società, e cambiare questa mentalità richiede tempo e sforzo. La promozione di un consumo responsabile, l'educazione dei giovani e la creazione di incentivi per comportamenti sostenibili sono tutti elementi chiave per favorire questo cambiamento.

Inoltre, la transizione verso un'economia circolare non può avvenire isolatamente. È essenziale che sia integrata con altri movimenti globali, come gli Obiettivi di Sviluppo Sostenibile delle Nazioni Unite o gli accordi sul cambiamento climatico. Solo attraverso un approccio integrato e olistico, l'economia circolare può davvero fiorire e offrire i suoi benefici a tutto il pianeta.

L'adozione dell'economia circolare ha un impatto diretto anche sul modo in cui progettiamo e produciamo beni. La progettazione ecocompatibile, o "ecodesign", prende in considerazione l'intero ciclo di vita del prodotto, dalla selezione delle materie prime, alla produzione, distribuzione, uso e, infine, alla sua fine vita. Un prodotto ecocompatibile tende ad avere una durata maggiore, può essere riparato più facilmente e, quando giunge al termine del suo ciclo di vita utile, può essere smontato in modo che i suoi componenti o materiali possano essere riutilizzati o riciclati.

Un altro concetto strettamente legato all'economia circolare è quello della "simbiosi industriale". Questo concetto riguarda la collaborazione tra diverse aziende o industrie, in cui gli scarti o i sottoprodotti di un'entità diventano le risorse per un'altra. Ad esempio, il calore prodotto da un impianto industriale potrebbe essere utilizzato per riscaldare gli edifici circostanti, o gli scarti organici da un processo potrebbero essere utilizzati in un altro impianto per produrre energia.

La tecnologia digitale, in particolare, ha un ruolo cruciale nell'accelerare la transizione verso un'economia circolare. Le soluzioni basate su Internet delle Cose (IoT) possono aiutare a monitorare e ottimizzare l'uso delle risorse in tempo reale. Ad esempio, sensori intelligenti possono monitorare l'usura di una macchina e prevedere quando avrà bisogno di manutenzione, riducendo gli sprechi e prolungando la sua durata.

Inoltre, la digitalizzazione e le piattaforme online stanno facilitando modelli di business innovativi come la sharing economy. Piattaforme come Airbnb o Uber sono solo la punta dell'iceberg. Ci sono molte startup e imprese che ora offrono prodotti come servizio, piuttosto che come beni di consumo. Ad esempio, invece di vendere lavatrici, un'azienda potrebbe offrire "lavaggi" come servizio, mantenendo la proprietà della macchina e assicurandosi che alla fine del suo ciclo di vita, possa essere riutilizzata o riciclata in modo efficiente.

Un altro aspetto fondamentale dell'economia circolare è la necessità di repensare il concetto di "rifiuto". In un sistema circolare, ciò che una volta veniva considerato rifiuto ora è visto come una risorsa. Questo cambia radicalmente il modo in cui vediamo la gestione dei rifiuti, trasformandola da un problema a una possibilità. Tuttavia, non si tratta solo di aziende e tecnologie. I consumatori hanno un ruolo chiave nel sostenere l'economia circolare. La domanda di prodotti sostenibili e il desiderio di ridurre l'impronta ecologica possono guidare le aziende a ripensare il modo in cui producono e vendono i loro beni. Inoltre, l'educazione e la consapevolezza sono fondamentali per spingere i consumatori a fare scelte più sostenibili nella loro vita quotidiana.

In sintesi, l'economia circolare rappresenta un cambiamento radicale nel modo in cui pensiamo alla produzione, al consumo e all'uso delle risorse. Sebbene ci siano molte sfide da affrontare, le opportunità offerte da questo modello sono immense e hanno il potenziale di creare un futuro più sostenibile per tutti. L'economia circolare si presenta come una risposta alle tradizionali modalità di consumo e produzione lineari – "estrarre, produrre, consumare, gettare". Il suo fondamento si basa su un ciclo continuo di riduzione, riutilizzo e riciclo, creando un sistema in cui nulla viene sprecato. Questa transizione, se ben gestita e implementata, può avere un impatto rivoluzionario su come le società moderne funzionano.

La pratica di riduzione implica non solo diminuire la quantità di risorse utilizzate, ma anche ridurre gli sprechi e l'impatto ambientale in ogni fase del ciclo di vita del prodotto. Ciò può essere ottenuto attraverso una progettazione più efficiente dei prodotti, l'uso di materiali sostenibili e una maggiore efficienza nei processi di produzione.

Il riutilizzo, invece, promuove l'idea che i prodotti dovrebbero avere una durata di vita più lunga, e quando non sono più utili sotto la loro forma originale, dovrebbero essere ripensati o ristrutturati per nuovi scopi. Ciò può includere la rifabbricazione di parti o la creazione di nuovi prodotti da quelli esistenti.

Infine, il riciclo, che è probabilmente il concetto più noto, implica il processo di raccolta e trasformazione di materiali al termine della loro vita utile per creare nuovi prodotti. Tuttavia, mentre il riciclo è essenziale, è solo una parte dell'equazione circolare e funziona al meglio quando è integrato con le pratiche di riduzione e riutilizzo.

Nonostante i chiari benefici ambientali, l'economia circolare offre anche vantaggi economici significativi. Le aziende che adottano questo modello possono sperimentare riduzioni dei costi attraverso l'ottimizzazione delle risorse, creare nuove fonti di reddito attraverso il riutilizzo e il riciclo e persino aprire nuove opportunità di mercato attraverso l'innovazione. Tuttavia, la realizzazione di un vero sistema circolare richiede l'impegno e la collaborazione tra vari attori: governi, imprese, comunità e individui. La regolamentazione può giocare un ruolo cruciale nell'incoraggiare la transizione, e l'innovazione sarà la chiave per superare le sfide tecniche.

In conclusione, l'economia circolare rappresenta un paradigma emergente che promette non solo di affrontare alcune delle sfide ambientali più gravi del nostro tempo, ma anche di rivitalizzare l'economia e creare nuove opportunità di lavoro. La sua implementazione, seppur complessa, potrebbe segnare l'inizio di un'era in cui produzione e consumo possono coesistere in armonia con la natura.

13. Agricoltura sostenibile: Tecniche e pratiche per un'agricoltura più verde.

L'agricoltura sostenibile è una pratica agricola che mira a soddisfare le esigenze alimentari e tessili della società attuale senza compromettere la capacità delle generazioni future di soddisfare le proprie esigenze. In altre parole, si tratta di coltivare in modo da mantenere o migliorare la capacità del sistema agricolo di supportare la vita umana a lungo termine. Ecco una panoramica dettagliata di alcune delle principali tecniche e pratiche utilizzate nell'agricoltura sostenibile:

1. **Rotazione delle colture:** Questa pratica consiste nell'alternare diverse colture nello stesso campo di anno in anno. La rotazione delle colture migliora la struttura del suolo, riduce l'erosione e aiuta a prevenire le malattie delle piante e l'infestazione di parassiti.

2. **Agricoltura conservativa:** Questa pratica riduce al minimo il lavorare il terreno. L'aratura e altri metodi di lavorazione del terreno possono causare erosione, perdita di materia organica e danni alla struttura del suolo. L'agricoltura conservativa aiuta a preservare il suolo e a conservare l'acqua.

3. **Policultura:** Si tratta di coltivare diverse colture insieme nello stesso campo, come mais e fagioli. La policultura può aumentare la biodiversità,

ridurre le infestazioni di parassiti e malattie e migliorare la resa delle colture.

4. **Agricoltura biologica:** L'agricoltura biologica evita l'uso di pesticidi sintetici, fertilizzanti chimici e OGM. Questa pratica si basa su metodi naturali per controllare parassiti e malattie e per fertilizzare il suolo, come l'uso di compost e l'introduzione di insetti benefici.

5. **Gestione integrata dei parassiti (IPM):** L'IPM combina varie tecniche, sia biologiche che chimiche, per controllare parassiti e malattie. Questa pratica mira a ridurre al minimo l'uso di pesticidi e a utilizzarli solo come ultima risorsa.

6. **Rispetto delle risorse idriche:** L'agricoltura sostenibile utilizza tecniche di irrigazione efficienti, come l'irrigazione a goccia, per ridurre lo spreco d'acqua. Viene data anche importanza alla raccolta e conservazione dell'acqua piovana.

7. **Agroforesteria:** Questa pratica combina alberi, arbusti e colture in un sistema integrato. Gli alberi possono fornire ombra, ridurre l'erosione, e arricchire il suolo, mentre le colture forniscono cibo e reddito.

8. **Pastorizia rotazionale:** Questa pratica coinvolge il movimento regolare del bestiame tra i pascoli. Aiuta a prevenire il sovrapascolo, a mantenere sani i pascoli e a ridurre l'incidenza delle malattie nel bestiame.

9. **Agricoltura urbana:** La coltivazione di cibo nelle aree urbane, come giardini comunitari o tetti verdi, può ridurre la necessità di trasporto dei prodotti alimentari, migliorare la sicurezza alimentare e promuovere la biodiversità.

10.   **Banche dei semi e conservazione della biodiversità:** La conservazione di una varietà di semi e la promozione della biodiversità nelle colture aiutano a prevenire la perdita di specie vegetali e forniscono una riserva genetica per le future generazioni.

In sintesi, l'agricoltura sostenibile cerca di trovare un equilibrio tra la necessità di produrre cibo e le esigenze dell'ambiente. Attraverso una combinazione di tecniche tradizionali e innovative, l'agricoltura può diventare più ecologica e sostenibile, garantendo al contempo cibo sicuro e nutriente per tutti.

L'agricoltura sostenibile, oltre alle tecniche già menzionate, implica anche una profonda riflessione sulla catena di fornitura, sul valore economico e sull'interazione con le comunità locali. Esplorando ulteriormente questo ambito, possiamo osservare le seguenti dimensioni:

11. **Uso di tecnologie avanzate:** L'agricoltura di precisione, che sfrutta la tecnologia per ottimizzare la resa e l'uso delle risorse, sta diventando sempre più comune. Droni, sensori

sul campo e sistemi di monitoraggio satellitare possono fornire dati dettagliati sulle condizioni del suolo, sull'umidità e sulla salute delle piante, consentendo agli agricoltori di apportare interventi mirati e riducendo l'uso eccessivo di risorse.

12. **Educazione e formazione:** La formazione continua degli agricoltori su nuove tecniche, ricerche e tecnologie è fondamentale. Questo non solo migliora la loro capacità produttiva, ma contribuisce anche a una maggiore consapevolezza delle sfide ambientali e sociali.

13. **Agricoltura comunitaria:** La CSA (Community Supported Agriculture) e altri modelli simili collegano direttamente i consumatori agli agricoltori. Questi programmi permettono ai consumatori di "sottoscrivere" l'agricoltura, acquistando una quota delle rese di un agricoltore e ricevendo regolarmente una parte del raccolto.

14. **Valorizzazione dei suoli:** Oltre a prevenire l'erosione, è fondamentale migliorare la qualità del suolo attraverso la reintroduzione di materia organica, come compost, letame e cover crops. Questi miglioramenti aumentano la capacità del suolo di trattenere l'acqua, promuovono la biodiversità microbica e aumentano la fertilità.

15. **Riduzione degli sprechi:** L'agricoltura sostenibile guarda anche alla fine del ciclo di vita dei prodotti agricoli. La riduzione degli sprechi post-raccolto attraverso una migliore gestione della catena del freddo, imballaggi sostenibili e pratiche di conservazione può avere un impatto significativo sulla sostenibilità complessiva del settore.

16. **Ripristino di ecosistemi degradati:** Molte pratiche agricole tradizionali hanno danneggiato i suoli e gli ecosistemi circostanti. Tuttavia, attraverso la riforestazione, la creazione di corridoi biologici e la riconversione di terreni agricoli intensivi in pratiche più sostenibili, è possibile ripristinare questi ecosistemi.

17. **Sistemi agroalimentari locali:** La promozione di sistemi alimentari locali può ridurre le emissioni derivanti dal trasporto di cibo e rafforzare le economie locali. I mercati degli agricoltori, i programmi farm-to-table e le iniziative locali di produzione e consumo di cibo possono tutti contribuire a un sistema alimentare più resiliente e sostenibile.

18. **Pratiche di pescaturismo sostenibile:** Anche se stiamo parlando principalmente di agricoltura, non possiamo ignorare l'importanza di una pesca sostenibile. Le pratiche di pescaturismo sostenibile mirano a proteggere gli ecosistemi marini e a garantire che le risorse

ittiche rimangano abbondanti per le generazioni future.

19. **Promozione della biodiversità:** L'agricoltura sostenibile non riguarda solo la produzione di cibo, ma anche la promozione della biodiversità. Attraverso la conservazione delle specie autoctone, la coltivazione di varietà antiche e la preservazione delle piante selvatiche, gli agricoltori possono aiutare a conservare l'unicità genetica del nostro ecosistema.

Continuando a esplorare l'agricoltura sostenibile attraverso queste lenti, diventa evidente che si tratta di un campo in continua evoluzione, con nuove ricerche, tecniche e metodologie che emergono regolarmente. Ogni nuova innovazione offre l'opportunità di rendere l'agricoltura più sostenibile, resiliente e in sintonia con le esigenze del nostro pianeta e delle sue popolazioni. Ecco ulteriori dimensioni e approfondimenti:

20. **Agricoltura sinergica:** Questa è un'evoluzione dell'agricoltura biologica, basata su un approccio olistico al suolo, alle piante e agli animali. L'obiettivo è di creare un ecosistema autosufficiente che non richieda input esterni come fertilizzanti o pesticidi. Questo approccio considera ogni elemento dell'agrosistema (inclusi insetti, uccelli e microorganismi del suolo) come parte integrante della produzione alimentare.

21. **Agricoltura conservativa:** L'agricoltura conservativa mira a proteggere e conservare il suolo, riducendo al minimo la lavorazione. Questo tipo di pratica aiuta a conservare l'acqua, a migliorare la struttura del suolo e a ridurre l'erosione.

22. **Produzione integrata:** La produzione integrata combina le migliori pratiche dell'agricoltura convenzionale e biologica per produrre alimenti in modo efficiente ma sostenibile. L'obiettivo è ridurre l'uso di input chimici e promuovere la biodiversità, garantendo al contempo rendimenti produttivi.

23. **Agricoltura urbana e verticale:** In un mondo in cui le città continuano a crescere, l'agricoltura urbana e verticale offre una soluzione per produrre cibo localmente, riducendo la necessità di trasporto e promuovendo la biodiversità nelle aree urbane. Questi sistemi possono variare dai giardini sul tetto ai complessi agricoli verticali high-tech.

24. **Sistemi di certificazione:** La domanda dei consumatori per cibi prodotti in modo sostenibile ha portato allo sviluppo di vari sistemi di certificazione che garantiscono pratiche agricole sostenibili. Questi possono includere etichette biologiche, fair trade, Rainforest Alliance, tra gli altri, e forniscono una

garanzia che i prodotti sono stati prodotti in modo sostenibile e etico.

25. **Policultura e sistemi agroforestali:** L'adozione di sistemi in cui diverse colture o specie vengono coltivate insieme può portare a una maggiore resilienza contro le malattie e a una maggiore efficienza nell'uso delle risorse. Gli agroforestry, in particolare, combinano alberi, arbusti e colture agricole per creare un sistema produttivo che beneficia sia l'ambiente che gli agricoltori.

26. **Gestione sostenibile dell'acqua:** L'agricoltura è uno dei maggiori consumatori di acqua a livello mondiale. Implementare sistemi di irrigazione efficienti, come l'irrigazione a goccia, o pratiche come l'agricoltura di conservazione dell'acqua, può ridurre notevolmente il consumo d'acqua.

27. **Interazione con la fauna selvatica:** Un aspetto cruciale dell'agricoltura sostenibile è la sua interazione con la fauna selvatica circostante. La creazione di habitat favorevoli, come siepi, corsi d'acqua naturali e zone umide, può offrire rifugio e risorse per la fauna locale, aumentando la biodiversità e fornendo servizi ecosistemici come la pollinazione e il controllo dei parassiti.

28. **Adattamento ai cambiamenti climatici:** L'agricoltura sostenibile deve anche essere resiliente ai cambiamenti climatici. Ciò significa selezionare varietà di colture che possono tollerare temperature più elevate, periodi di siccità o inondazioni e garantire che i suoli siano ben gestiti per conservare l'umidità e prevenire l'erosione.

L'agricoltura sostenibile, nella sua essenza, è un percorso di apprendimento e adattamento continuo, dove le pratiche migliori sono condivise, adattate e migliorate in funzione delle specifiche esigenze locali e delle sfide globali emergenti.

29. **Utilizzo di biofertilizzanti e biopesticidi:** Al posto dei tradizionali fertilizzanti chimici e pesticidi, l'adozione di biofertilizzanti e biopesticidi offre una soluzione più ecologica. Questi prodotti sono spesso a base di microorganismi benefici che migliorano la salute del suolo, aiutano le piante ad assorbire i nutrienti e proteggono contro i parassiti senza l'uso di sostanze chimiche tossiche.

30. **Rotazione delle colture:** Questa antica pratica agricola consiste nel variare le colture coltivate in un particolare campo da un anno all'altro. Questo aiuta a prevenire la deplezione del suolo, a rompere il ciclo di malattie e parassiti e a migliorare la salute generale del suolo.

31. **Banche dei semi locali:** Conservare la diversità genetica delle colture agricole è fondamentale per garantire la resilienza di fronte a malattie, parassiti e cambiamenti climatici. Le banche dei semi locali giocano un ruolo cruciale nella conservazione di varietà di piante tradizionali e autoctone, offrendo agli agricoltori una risorsa preziosa per sperimentare e adattarsi a nuove sfide.

32. **Tecnologie di precisione in agricoltura:** L'uso di droni, sensori e big data può aiutare gli agricoltori a monitorare le condizioni del campo in tempo reale, permettendo di ottimizzare l'uso di acqua, fertilizzanti e pesticidi e di intervenire rapidamente in caso di problemi.

33. **Agricoltura regenerativa:** Questa pratica va oltre la sostenibilità, cercando di rigenerare e rinvigorire il suolo, l'acqua e l'ecosistema locale. Si basa su tecniche come la conservazione del suolo, la gestione olistica del pascolo e la policultura.

34. **Pratiche di pascolo sostenibile:** Il pascolo eccessivo può portare alla desertificazione e alla perdita di biodiversità. Tuttavia, con una gestione appropriata, il pascolo può rigenerare il suolo, sequestrare carbonio e sostenere ecosistemi sani.

35. **Agricoltura sociale:** L'agricoltura sociale integra la produzione agricola con la cura e la riabilitazione sociale. Offre opportunità a persone svantaggiate o vulnerabili, come quelle con disabilità, ex detenuti o persone con problemi di salute mentale, di partecipare attivamente alla vita agricola, fornendo loro competenze, terapia e un senso di appartenenza.

36. **Integrazione tra agricoltura e fauna selvatica:** Creare un equilibrio tra produzione agricola e conservazione della fauna selvatica è essenziale. L'adozione di pratiche come corridoi faunistici, riserve naturali e habitat artificiali può favorire la convivenza tra attività agricole e specie selvatiche.

37. **Educazione e formazione:** La formazione continua degli agricoltori riguardo alle ultime tecniche e ricerche in agricoltura sostenibile è fondamentale. L'accesso a risorse educative, workshop e corsi può aiutare gli agricoltori a prendere decisioni informate e ad adattarsi alle nuove sfide.

Incorporando queste pratiche e principi, l'agricoltura può evolversi non solo come un mezzo per produrre cibo, ma anche come un mezzo per sostenere la salute del pianeta e delle sue popolazioni, giocando un ruolo centrale nella lotta contro i cambiamenti climatici, la perdita di biodiversità e altre sfide globali.

38. **Permacultura:** Questa è una filosofia agricola che si concentra sull'imitazione delle interconnessioni trovate negli ecosistemi naturali. Gli agricoltori che praticano la permacultura progettano sistemi agricoli sostenibili, diversificati e resilienti che sono autosufficienti e richiedono minime input esterne.

39. **Conservazione dell'acqua:** Con l'avvento dei cambiamenti climatici e la crescente scarsità d'acqua in molte parti del mondo, diventa fondamentale adottare tecniche di conservazione dell'acqua come l'irrigazione a goccia, l'uso di paesaggi xerofitici e la raccolta delle acque piovane.

40. **Introduzione di piante native:** Coltivare piante native e autoctone riduce la necessità di input come l'acqua e i pesticidi, poiché queste piante sono naturalmente adattate alle condizioni locali e alle minacce dei parassiti.

41. **Compostaggio:** Trasformare rifiuti organici in compost arricchisce il suolo, riduce la necessità di fertilizzanti chimici e riduce la quantità di rifiuti che finiscono in discarica.

42. **Agroforestry:** L'agroforestry combina coltivazione agricola e forestazione, aiutando a proteggere e rigenerare il suolo, conservare l'acqua e fornire habitat per la fauna selvatica.

Inoltre, offre una diversificazione delle entrate per gli agricoltori.

43. **Agricoltura verticale:** In ambienti urbani e aree con spazio limitato, l'agricoltura verticale rappresenta un modo per produrre cibo localmente, riducendo la necessità di trasporti e il relativo impatto carbonico.

44. **Colture di copertura:** Queste piante vengono coltivate per proteggere e rigenerare il suolo durante i periodi in cui il campo potrebbe altrimenti rimanere incolto. Le colture di copertura prevengono l'erosione, migliorano la struttura del suolo e possono anche aiutare a sopprimere le infestanti.

45. **Pianificazione agricola basata su dati:** Utilizzando sistemi avanzati di raccolta e analisi dei dati, gli agricoltori possono prendere decisioni più informate su cosa, dove e quando piantare, massimizzando la produttività e riducendo gli sprechi.

46. **Partenariati e collaborazioni:** Lavorare in sinergia con organizzazioni, università e istituzioni di ricerca può aiutare gli agricoltori a rimanere aggiornati sulle ultime tecniche e tecnologie agricole sostenibili.

47. **Orti urbani:** Gli orti urbani non solo forniscono cibo fresco alle comunità locali, ma aiutano anche a ridurre il calore urbano, a

migliorare la qualità dell'aria e a fornire spazi verdi nelle aree cittadine.

48.   **Produzione di biogas:** Attraverso la fermentazione anaerobica di rifiuti organici, gli agricoltori possono produrre biogas, una fonte di energia rinnovabile, riducendo al contempo la quantità di rifiuti.

Queste iniziative e innovazioni nell'agricoltura sostenibile rappresentano solo una parte delle molte soluzioni disponibili per creare sistemi alimentari più resilienti e rispettosi dell'ambiente. Mentre la sfida è immensa, l'opportunità di costruire un futuro alimentare sostenibile è alla portata, soprattutto con l'adozione e l'implementazione di queste pratiche in modo più ampio.

L'agricoltura sostenibile rappresenta uno degli angoli portanti per un futuro ecologicamente equilibrato e socio-economicamente prospero. L'importanza di questa modalità di coltivazione va ben oltre la semplice produzione di cibo. Al suo nucleo, l'agricoltura sostenibile si prefigge l'obiettivo di creare un equilibrio tra le necessità umane e quelle dell'ambiente in cui viviamo. Nell'era moderna, con una popolazione mondiale in rapida crescita e risorse che diventano sempre più scarse, è fondamentale trovare modi per produrre cibo in maniera efficiente senza sacrificare la salute del nostro pianeta.

L'agricoltura intensiva e l'uso indiscriminato di pesticidi e fertilizzanti hanno eroso la qualità del suolo, ridotto la biodiversità e inquinato le riserve d'acqua, provocando danni spesso irreversibili agli ecosistemi.

Tecniche come la permacultura, l'agroforestry, la coltivazione di piante native, l'agricoltura verticale, e molte altre, rappresentano un cambio di paradigma. Queste tecniche, pur mantenendo o aumentando la produttività, riducono l'uso di risorse, salvaguardano la biodiversità e possono anche aiutare nel sequestro di carbonio, combattendo così i cambiamenti climatici.

Un punto cruciale da sottolineare è il legame intrinseco tra l'agricoltura sostenibile e le comunità. L'adozione di metodi agricoli sostenibili può infatti avere un impatto diretto sul benessere delle comunità locali, fornendo cibo più nutritivo, creando posti di lavoro, riducendo la dipendenza da input esterni e costosi, e rafforzando la resilienza contro le sfide ambientali e climatiche.

Inoltre, l'agricoltura sostenibile può avere un ruolo fondamentale nell'educazione. Gli orti scolastici e comunitari possono diventare laboratori viventi dove le nuove generazioni apprendono l'importanza della biodiversità, la comprensione dei cicli naturali e la connessione tra cibo, salute e ambiente.

Non meno importante è il ruolo delle politiche pubbliche e delle istituzioni. Per fare in modo che l'agricoltura sostenibile diventi la norma e non l'eccezione, è necessario un sostegno politico ed economico, non solo attraverso incentivi, ma anche attraverso la formazione, la ricerca e lo sviluppo.

In conclusione, l'agricoltura sostenibile non rappresenta soltanto una serie di tecniche o metodi di coltivazione; è una filosofia, un approccio olistico che mira a riportare l'armonia tra l'uomo e la natura. Nel contesto dei crescenti problemi ambientali e sociali del XXI secolo, adottare un approccio agricolo che sia rispettoso sia dell'ambiente sia delle persone non è solo desiderabile, ma assolutamente necessario.

14. Trasporti sostenibili: Mobilità verde e infrastrutture.

I trasporti sostenibili sono cruciali per l'evoluzione delle città e delle società moderne. L'aumento della popolazione urbana e l'esigenza di muoversi rapidamente hanno portato alla crescita esponenziale dei mezzi di trasporto, con un conseguente aumento delle emissioni di gas serra, dell'inquinamento atmosferico e sonoro e dell'occupazione di spazi sempre più vasti a scapito di aree verdi e pedonali.

Mobilità Verde: L'idea alla base della mobilità verde è quella di ridurre al minimo l'impatto ambientale e sociale dei trasporti. Questo concetto si traduce nell'utilizzo di veicoli a basso impatto ambientale come quelli elettrici o ibridi, ma anche nella promozione di mezzi di trasporto non motorizzati come la bicicletta o la camminata. Negli ultimi anni, molte città hanno iniziato a investire in piste ciclabili, zone pedonali e servizi di sharing come bike-sharing o car-sharing elettrico, riducendo così la dipendenza dall'automobile privata.

Infrastrutture: Una parte fondamentale del trasporto sostenibile riguarda le infrastrutture. Queste dovrebbero essere progettate non solo per minimizzare l'impatto ambientale, ma anche per migliorare l'efficienza e la sicurezza. La creazione di corridoi verdi, per esempio, non solo promuove la mobilità sostenibile, ma favorisce anche la biodiversità urbana e la riduzione dell'effetto isola di calore. L'investimento in trasporti pubblici efficienti, come tram, treni e autobus elettrici, può ridurre significativamente il numero di veicoli privati sulle strade e, di conseguenza, le emissioni di gas serra.

Allo stesso tempo, la transizione verso veicoli elettrici richiede la costruzione di una rete capillare di stazioni di ricarica. Questa infrastruttura è essenziale per garantire che i veicoli elettrici possano operare con la stessa efficienza e convenienza dei veicoli a combustione.

È anche importante notare come le nuove tecnologie stiano giocando un ruolo cruciale nella mobilità sostenibile. Ad esempio, l'Intelligenza Artificiale e l'Internet delle Cose (IoT) stanno rendendo i trasporti più efficienti grazie alla gestione del traffico in tempo reale, all'ottimizzazione dei percorsi e alla previsione delle esigenze di mobilità.

Conclusione dettagliata: La sostenibilità nei trasporti non riguarda solo la riduzione delle emissioni o l'uso di energie rinnovabili, ma è una visione olistica che considera l'integrazione tra persone, tecnologia e ambiente. L'obiettivo è creare sistemi di trasporto che soddisfino le esigenze di mobilità delle persone senza compromettere la salute del pianeta o la qualità della vita nelle aree urbane. La chiave del successo in questo settore sarà la capacità di collaborare tra settori pubblici e privati, di investire in ricerca e innovazione e di adottare una visione a lungo termine che metta al centro la sostenibilità e il benessere delle future generazioni.

Il concetto di trasporti sostenibili non si limita semplicemente a come ci muoviamo, ma coinvolge anche dove e perché ci muoviamo. Esaminando la questione in profondità, ci rendiamo conto che la pianificazione urbanistica e territoriale gioca un ruolo cruciale nella definizione delle nostre esigenze di mobilità. Le città progettate con una visione centrata sull'automobile, per esempio, tendono a creare una maggiore dipendenza dai veicoli privati, mentre le città che privilegiano la densità e la vicinanza tra abitazioni, luoghi di lavoro e servizi riducono la necessità di lunghi spostamenti. Il concetto di "mobilità come servizio" (MaaS) sta emergendo come una soluzione promettente per combinare diverse modalità di trasporto in un'unica offerta accessibile attraverso piattaforme digitali. Questo modello consente agli utenti di pianificare, prenotare e pagare viaggi combinati che utilizzano mezzi pubblici, biciclette, veicoli in condivisione e altro, il tutto attraverso una singola interfaccia, solitamente un'app mobile. Questo approccio può ridurre la necessità di possedere un veicolo privato e, di conseguenza, ridurre la congestione e l'inquinamento nelle aree urbane.

Un altro aspetto cruciale dei trasporti sostenibili riguarda il trasporto merci. Con l'aumento del commercio elettronico e la crescente globalizzazione, il volume delle merci in movimento sta crescendo esponenzialmente. Soluzioni come la logistica dell'ultimo miglio, che si concentra sull'efficienza della consegna di merci nelle aree urbane, stanno diventando sempre più rilevanti. L'utilizzo di veicoli elettrici per la consegna, l'ottimizzazione dei percorsi e la pianificazione delle consegne in momenti meno trafficati possono contribuire significativamente a ridurre l'impatto ambientale e la congestione.

Non dobbiamo dimenticare l'importanza della formazione e dell'educazione. La sensibilizzazione delle persone sui benefici dei trasporti sostenibili e sulle alternative disponibili è essenziale per cambiare comportamenti radicati. Programmi educativi nelle scuole, campagne pubblicitarie e incentivi possono motivare le persone a considerare alternative più sostenibili rispetto ai tradizionali mezzi di trasporto.

Parallelamente, la ricerca e lo sviluppo nel campo della tecnologia dei trasporti stanno progredendo rapidamente. Veicoli autonomi, droni per la consegna di merci, sistemi di propulsione alternativi come l'idrogeno, e soluzioni di magazzino verticale sono solo alcune delle innovazioni che potrebbero trasformare il nostro modo di vedere la mobilità nel prossimo futuro.

Infine, l'intermodalità rappresenta un pilastro fondamentale per una mobilità efficace e sostenibile. Essa promuove l'uso combinato di diverse modalità di trasporto nel corso di un singolo viaggio. Per esempio, un viaggiatore potrebbe utilizzare una bicicletta per raggiungere una stazione ferroviaria, prendere un treno per attraversare la città e poi utilizzare un servizio di car-sharing per completare il suo viaggio. Questo approccio richiede una forte integrazione tra diversi operatori di trasporto e una pianificazione urbana attenta.

Nel contesto dei trasporti sostenibili, la questione delle infrastrutture gioca un ruolo centrale. Infatti, un'infrastruttura adeguata è il prerequisito per rendere operativa qualsiasi strategia di mobilità verde. Questo vale non solo per le strade e le ferrovie, ma anche per i sistemi

di ricarica dei veicoli elettrici, le piste ciclabili, i corridoi per il trasporto pubblico e molto altro.
Il trasporto pubblico, ad esempio, ha bisogno di infrastrutture efficienti e moderne per essere una valida alternativa ai trasporti privati. Questo include stazioni ben progettate e accessibili, mezzi di trasporto moderni e confortevoli, e sistemi di bigliettazione integrati che permettono un facile trasferimento tra differenti mezzi, come autobus, tram, treni e metropolitane. Le città che hanno investito pesantemente in questo tipo di infrastrutture, come Copenaghen, Amsterdam o Singapore, hanno visto una notevole riduzione dell'uso dell'auto privata e un corrispondente aumento dell'uso di mezzi di trasporto più sostenibili.
Le piste ciclabili sono un altro esempio di infrastruttura cruciale per la mobilità sostenibile. Non si tratta solo di dipingere una linea su una strada e chiamarla "pista ciclabile". Per essere efficaci e utilizzate, le piste ciclabili devono essere sicure, ben illuminate, separate dal traffico motorizzato e connesse in modo logico tra loro e con altre forme di trasporto. Allo stesso modo, i parcheggi per biciclette, specialmente nelle stazioni di trasporto pubblico o nei principali nodi di trasporto, sono essenziali per incoraggiare l'uso della bicicletta come mezzo di trasporto quotidiano.

Nel contesto dei veicoli elettrici (EV), le infrastrutture di ricarica rappresentano una sfida e un'opportunità. Con l'aumento della domanda di EV, la necessità di stazioni di ricarica rapide ed efficienti diventa sempre più urgente. Queste stazioni devono essere ben posizionate, facili da usare e, idealmente, alimentate da fonti di energia rinnovabile. Paesi come la Norvegia sono all'avanguardia in questo campo, con una vasta rete di stazioni di ricarica e forti incentivi per l'acquisto di EV.

Un altro aspetto spesso trascurato dei trasporti sostenibili riguarda l'acqua. I trasporti fluviali e marittimi rappresentano una parte significativa della mobilità globale, sia per le merci sia per le persone. La promozione della navigazione sostenibile, attraverso l'uso di combustibili alternativi, design delle navi più efficienti e pratiche operative più verdi, è fondamentale per ridurre l'impatto ambientale di questo settore. Infine, non dobbiamo dimenticare il ruolo della tecnologia digitale. Sistemi intelligenti di gestione del traffico, piattaforme di condivisione, app di navigazione che suggeriscono il percorso più verde, e la crescente automazione dei trasporti, tutte queste innovazioni hanno il potenziale di rendere i nostri spostamenti più efficienti, rapidi e sostenibili. La sfida è integrare queste tecnologie in modo armonico e centrato sull'utente, evitando al contempo potenziali trappole come l'aumento della congestione o la creazione di nuove disuguaglianze.

Nel panorama dei trasporti sostenibili, la mobilità aerea rappresenta una delle sfide più pressanti. Mentre altri settori dei trasporti hanno iniziato ad adottare soluzioni più ecologiche, l'aviazione civile continua a dipendere in gran parte dai carburanti fossili. Tuttavia, la ricerca e lo sviluppo in questo campo stanno esplorando alternative più sostenibili, come i biocarburanti, la propulsione elettrica e persino l'idrogeno come potenziale fonte di energia. Molti prototipi di aerei elettrici e ibridi sono già in fase di test, e potrebbero rappresentare il futuro della mobilità aerea.

Un altro settore che sta guadagnando attenzione è la mobilità condivisa. Servizi come carpooling, bike sharing e car sharing stanno diventando sempre più popolari in molte città del mondo. Queste soluzioni non solo riducono il numero di veicoli sulla strada, riducendo la congestione e l'inquinamento, ma promuovono anche modelli di consumo più sostenibili, in cui l'accesso diventa più importante della proprietà. La tecnologia gioca un ruolo cruciale in questo cambiamento, permettendo agli utenti di prenotare, pagare e accedere a questi servizi con pochi clic sul proprio smartphone.

Inoltre, la pianificazione urbana e l'urbanistica hanno un ruolo fondamentale nella promozione dei trasporti sostenibili. La creazione di "città 15 minuti", dove tutto ciò di cui un residente ha bisogno si trova a 15 minuti di cammino o di bicicletta dalla propria abitazione, è un concetto che sta guadagnando terreno in molte metropoli. Questo tipo di pianificazione incoraggia le persone a utilizzare mezzi di trasporto più sostenibili e a ridurre la dipendenza dall'automobile.

Un altro aspetto interessante riguarda i materiali utilizzati nella costruzione dei mezzi di trasporto. L'adozione di materiali leggeri e riciclabili può ridurre significativamente l'impronta ecologica dei veicoli. Ad esempio, l'utilizzo di fibre di carbonio, compositi e materiali avanzati può ridurre il peso dei veicoli, migliorando al contempo l'efficienza energetica.

Anche l'educazione e la formazione giocano un ruolo chiave. La sensibilizzazione dei cittadini sulle questioni ambientali e sull'importanza della mobilità sostenibile può portare a un cambiamento nel comportamento individuale e collettivo. Le campagne di sensibilizzazione, i programmi educativi nelle scuole e gli incentivi per la formazione professionale nel settore dei trasporti verdi sono tutti elementi chiave per costruire una cultura della mobilità sostenibile. Infine, è essenziale considerare il costo totale di proprietà quando si parla di trasporti sostenibili. Sebbene i veicoli elettrici o i mezzi di trasporto pubblico possano avere costi iniziali più elevati, i risparmi a lungo termine in termini di manutenzione, carburante e benefici per la salute dovrebbero essere presi in considerazione quando si valuta l'effettivo costo di questi investimenti. Allo stesso modo, le esternalità negative, come l'inquinamento atmosferico e acustico o i danni alla salute pubblica, dovrebbero essere contabilizzate nei costi reali dei trasporti tradizionali.

Il concetto di "mobilità come servizio" (MaaS) sta guadagnando terreno in molte città e potrebbe rivoluzionare il modo in cui concepiamo e utilizziamo i trasporti. L'idea alla base del MaaS è fornire un accesso onnicomprensivo a vari modi di trasporto tramite una singola piattaforma digitale, permettendo agli utenti di pianificare, prenotare e pagare viaggi combinati utilizzando diverse modalità di trasporto. Ciò significa che un singolo viaggio potrebbe includere una combinazione di bicicletta condivisa, trasporto pubblico e carpooling, il tutto gestito e pagato tramite una sola applicazione. Questo tipo di soluzione può ridurre la necessità di possedere un'auto privata, specialmente nelle aree urbane densamente popolate.

Un altro fattore fondamentale è l'integrazione e l'interoperabilità tra diversi modi di trasporto. I sistemi di trasporto moderni dovrebbero essere progettati per facilitare transizioni agevoli da un mezzo all'altro. Ad esempio, le stazioni di trasporto pubblico dovrebbero essere collocate vicino a stazioni di bike sharing o di car sharing, permettendo agli utenti di passare facilmente da un modo di trasporto all'altro.

Le infrastrutture di trasporto verde, come le piste ciclabili e le corsie preferenziali per autobus e tram, sono essenziali per incentivare l'uso di mezzi di trasporto sostenibili. La sicurezza dei ciclisti e dei pedoni deve essere una priorità, e ciò richiede sia una progettazione urbana intelligente sia una formazione adeguata per gli automobilisti.

Il ruolo delle tecnologie emergenti, come i veicoli autonomi, dovrebbe essere valutato con attenzione. Mentre queste tecnologie offrono grandi promesse in termini di efficienza e sicurezza, è essenziale garantire che siano implementate in modo tale da promuovere la sostenibilità. I veicoli autonomi, ad esempio, potrebbero ridurre la necessità di parcheggi nelle

città, ma se non sono alimentati da fonti di energia rinnovabile, potrebbero non contribuire significativamente a un futuro sostenibile.
Le iniziative di gamification possono anche incentivare comportamenti più sostenibili. Applicazioni che premiano gli utenti per aver scelto modi di trasporto ecologici, ad esempio, offrendo sconti o punti fedeltà, possono essere un incentivo efficace per indurre le persone a riflettere sulle proprie scelte di mobilità.
Da non sottovalutare è l'importanza delle reti ferroviarie ad alta velocità. Queste reti, popolari in Europa e in Asia, offrono un'alternativa efficiente e a basso impatto ambientale ai voli a corto raggio e alle auto. Le reti ferroviarie ben progettate e gestite possono ridurre significativamente le emissioni di gas serra e facilitare la mobilità interurbana.

In sintesi, mentre la transizione verso sistemi di trasporto sostenibili presenta numerose sfide, le opportunità per innovare e creare modelli di mobilità più ecologici sono immense. Dalla progettazione urbana all'adozione di nuove tecnologie, ci sono innumerevoli modi per influenzare positivamente il futuro della mobilità globale.

L'adozione di combustibili alternativi è fondamentale per ridurre le emissioni di gas serra prodotte dal settore dei trasporti. Biocarburanti, idrogeno e veicoli elettrici sono al centro di molti dibattiti quando si parla di alternativa ai carburanti fossili. I veicoli elettrici, in particolare, stanno vivendo un'esplosione di interesse grazie all'abbattimento dei costi delle batterie e all'incremento della loro efficienza. Tuttavia, affinché i veicoli elettrici possano avere un impatto significativo, è essenziale garantire che l'elettricità con cui sono alimentati provenga da fonti rinnovabili.

Anche il settore aereo sta esplorando soluzioni innovative. Ad esempio, sono in corso ricerche per sviluppare biocarburanti derivati da alghe o rifiuti agricoli per alimentare gli aerei, riducendo così le loro emissioni di carbonio. Allo stesso modo, la progettazione aerodinamica dei velivoli e l'ottimizzazione delle rotte di volo possono contribuire a ridurre il consumo di carburante. Il concetto di "città del futuro" sta emergendo con l'idea di una pianificazione urbana che mette al centro la mobilità sostenibile. Questo significa non solo avere un'infrastruttura di trasporto efficiente, ma anche progettare le città in modo che siano pedonali, con spazi verdi e quartieri dove lavoro, abitazione e svago si trovino a breve distanza l'uno dall'altro, riducendo così la necessità di spostamenti a lunga distanza. L'uso intelligente dei dati è un altro aspetto fondamentale per ottimizzare i trasporti sostenibili. I sistemi di trasporto intelligente utilizzano dati in tempo reale per gestire e ottimizzare il flusso di traffico, riducendo congestionamenti e tempi di percorrenza, il che si traduce in minori emissioni di gas serra. Gli algoritmi avanzati possono prevedere i picchi di traffico e reindirizzare i flussi di trasporto in modo proattivo.

Una tendenza emergente è la crescente interazione tra trasporto pubblico e privato. Mentre tradizionalmente sono stati visti come concorrenti, sempre più spesso ora sono visti come complementari. Ad esempio, le società di ride-sharing stanno collaborando con le agenzie di trasporto pubblico per fornire soluzioni di "primo e ultimo miglio", aiutando i passeggeri a raggiungere stazioni di bus o treni in modo più efficiente.

Infine, non si può ignorare l'importanza della sensibilizzazione e dell'educazione. Cambiare le abitudini di mobilità delle persone richiede una profonda comprensione dei benefici dei trasporti sostenibili, non solo in termini ambientali, ma anche economici e di salute. Iniziative, campagne e programmi educativi sono fondamentali per promuovere un cambiamento di mentalità e incoraggiare scelte di trasporto più sostenibili.

Il settore dei trasporti rappresenta un pilastro fondamentale nel dibattito sulla sostenibilità. La sua profonda trasformazione ha il potenziale non solo di ridurre significativamente le emissioni di gas serra, ma anche di migliorare la qualità della vita nelle aree urbane, riducendo la congestione, l'inquinamento atmosferico e i rumori.
In primo luogo, l'innovazione tecnologica sta trainando il cambiamento nel settore dei trasporti. L'avvento e la crescente adozione dei veicoli elettrici, unitamente alla diminuzione del costo delle batterie, rappresentano un segnale evidente di un mutamento nell'industria automobilistica. Tuttavia, è essenziale che questa transizione sia accompagnata da un ampio utilizzo di energie rinnovabili nel mix energetico per garantire che l'intero ciclo di vita del veicolo sia veramente sostenibile.

Il trasporto aereo, sebbene più complesso da decarbonizzare, sta mostrando segnali positivi attraverso la ricerca e lo sviluppo di biocarburanti alternativi e l'ottimizzazione delle rotte di volo. L'efficienza in questo settore ha un duplice vantaggio: riduzione delle emissioni e risparmio economico dovuto al minor consumo di carburante.

La pianificazione urbana gioca un ruolo cruciale nel promuovere la mobilità sostenibile. Una città progettata con una mentalità "verde" incoraggia la mobilità pedonale, l'utilizzo di biciclette e mezzi di trasporto pubblico, riducendo la dipendenza dalle auto private e migliorando, al contempo, la qualità dell'aria e lo spazio urbano. La digitalizzazione e l'analisi dei dati stanno rivoluzionando il modo in cui concepiamo e gestiamo il trasporto. La capacità di anticipare e reagire in tempo reale alle variazioni del traffico può ridurre significativamente la congestione e, quindi, le emissioni correlate.

Un aspetto spesso trascurato, ma di fondamentale importanza, è il coinvolgimento e la sensibilizzazione del pubblico. La sostenibilità non è solo una questione tecnologica o di pianificazione, ma anche di mentalità. Educare e informare la popolazione sui benefici, sia ambientali che personali, dei trasporti sostenibili può accelerare l'adozione di comportamenti più rispettosi dell'ambiente.

In conclusione, il settore dei trasporti sostenibili non è solo una necessità per affrontare la crisi climatica, ma rappresenta anche un'opportunità. Un'opportunità per creare città più vivibili, economie più resilienti e per costruire una società più informata e consapevole delle sfide e delle soluzioni legate alla sostenibilità.

15. Educazione e sensibilizzazione: Importanza dell'educazione ambientale.

L'educazione e la sensibilizzazione ambientale rivestono un ruolo cruciale nel plasmare la società verso un futuro più sostenibile. Esaminiamo in profondità questo aspetto, evidenziando la sua importanza e il suo impatto sulla nostra comunità globale.

Concetti Fondamentali: La comprensione dei principi base dell'ecologia, come le reti alimentari, il ciclo dell'acqua, il ciclo del carbonio e il concetto di interdipendenza tra specie, fornisce una solida base per capire le sfide ambientali. La conoscenza di questi principi consente alle persone di comprendere l'importanza della biodiversità, le cause e le conseguenze dei cambiamenti climatici e il valore degli ecosistemi intatti.

Consapevolezza e Valutazione delle Minacce: L'educazione ambientale aiuta a riconoscere e valutare le minacce al nostro pianeta, come l'inquinamento, la deforestazione, l'eccessivo sfruttamento delle risorse e la perdita di habitat. Questa consapevolezza è il primo passo verso la ricerca di soluzioni sostenibili.

Sviluppo di Abitudini Sostenibili: Attraverso l'educazione, le persone possono apprendere come le loro azioni quotidiane influenzano l'ambiente. Ad esempio, la scelta di prodotti eco-compatibili, il risparmio energetico, la riduzione del consumo d'acqua e il riciclo diventano azioni consapevoli invece che abitudini passive.

Empowerment e Azione Civica: L'educazione ambientale non solo informa, ma può anche ispirare e motivare l'azione. Le persone informate sulle questioni ambientali sono più inclini a partecipare attivamente a iniziative locali, sostenere politiche sostenibili e impegnarsi in azioni collettive per la salvaguardia del pianeta.

Formazione di Leader del Futuro: I giovani di oggi saranno i leader di domani. Una solida educazione ambientale nelle scuole prepara la prossima generazione a prendere decisioni

informate e sostenibili in vari settori,
dall'industria alla politica.

Connessione Emotiva con la Natura: Oltre ai fatti e alle cifre, l'educazione ambientale può anche promuovere una connessione emotiva con la natura. La comprensione e l'apprezzamento della bellezza e della complessità del mondo naturale possono ispirare un profondo senso di stima e un desiderio di proteggere l'ambiente.

Promozione di Economie Verdi: Una popolazione ben informata è più propensa a sostenere aziende e industrie sostenibili. L'educazione al consumo responsabile può guidare la domanda verso prodotti e servizi eco-compatibili, spingendo le aziende a innovare e adottare pratiche sostenibili.

In conclusione, l'educazione e la sensibilizzazione ambientale sono fondamentali per garantire un futuro sostenibile. Tramite l'educazione, si può plasmare una società che non solo comprende le sfide ambientali, ma che è anche motivata e attrezzata per affrontarle. La formazione ambientale fornisce gli strumenti per comprendere, apprezzare e proteggere il nostro pianeta, garantendo che le generazioni future ereditino un mondo in cui possano prosperare.

L'educazione ambientale e la sensibilizzazione non sono solo concepite per le istituzioni educative, ma permeano ogni aspetto della società. Nelle ultime decadi, abbiamo assistito a un aumento dell'importanza data all'educazione ambientale anche in contesti non tradizionali. Nel mondo delle imprese, ad esempio, la formazione ambientale è diventata cruciale. Le aziende stanno comprendendo che la sostenibilità non è solo una questione di responsabilità sociale d'impresa, ma ha un impatto diretto sulla loro linea di fondo. Una forza lavoro educata sulle questioni ambientali può aiutare a identificare opportunità di risparmio, ridurre gli sprechi e migliorare l'efficienza. Questa formazione può variare dalla comprensione dei principi fondamentali della sostenibilità alla formazione specifica su temi come la gestione dell'acqua, l'efficienza energetica o il riciclo dei materiali.

Oltre alle aziende, anche le comunità stanno mettendo un forte accento sull'educazione ambientale. In molte città, gli enti locali hanno creato programmi di sensibilizzazione per educare i cittadini su come ridurre l'inquinamento, riciclare correttamente e conservare risorse preziose come l'acqua. Questi programmi spesso utilizzano una combinazione di workshop, eventi comunitari, materiali stampati e risorse online per raggiungere un pubblico il più ampio possibile.

Le ONG e le organizzazioni non profit hanno anch'esse un ruolo fondamentale nella promozione dell'educazione ambientale. Queste organizzazioni spesso agiscono come ponti tra la ricerca scientifica e il grande pubblico, traducendo informazioni complesse in messaggi comprensibili e azioni tangibili. Offrono risorse, strumenti e programmi formativi che aiutano sia i singoli che le comunità a comprendere e ad affrontare le sfide ambientali.

Un altro aspetto degno di nota è l'intersezione tra cultura e educazione ambientale. Artisti, musicisti e creativi di tutti i tipi stanno utilizzando le loro piattaforme per sensibilizzare sulle questioni ambientali. Attraverso film, canzoni, mostre d'arte e altre forme di espressione, stanno raggiungendo pubblici che potrebbero non essere esposti alle informazioni ambientali attraverso canali tradizionali.

Le tecnologie digitali e i social media stanno rivoluzionando l'educazione ambientale. Piattaforme online come webinar, corsi MOOC (Massive Open Online Courses) e applicazioni educative forniscono risorse accessibili a chiunque abbia una connessione internet. Questo ha democratizzato l'accesso all'informazione e ha creato opportunità di apprendimento per persone in tutto il mondo.

Inoltre, l'educazione ambientale non si limita all'età o alla professione. Dall'infanzia alla terza età, la comprensione e l'azione ambientale possono essere integrate nelle attività quotidiane. Gli anziani, ad esempio, possono condividere storie e esperienze, fornendo una prospettiva storica sui cambiamenti ambientali, mentre i giovani possono portare entusiasmo, innovazione e una mentalità aperta alle soluzioni sostenibili. Infine, la natura stessa può essere un potente strumento educativo. L'esperienza diretta con l'ambiente, sia attraverso escursioni nella natura, giardinaggio o osservazione degli uccelli, può offrire lezioni preziose. Questo tipo di apprendimento esperienziale può rinforzare concetti teorici e ispirare un senso di meraviglia e rispetto per il mondo naturale.

In generale, mentre le sfide ambientali diventano sempre più complesse e interconnesse, l'educazione e la sensibilizzazione rivestono un ruolo centrale nel fornire alle persone le competenze e le conoscenze necessarie per affrontarle.

In effetti, l'educazione ambientale si estende ben oltre le aule. La sua importanza è stata riconosciuta a livello globale e si riflette in varie iniziative e programmi internazionali. Per esempio, le Nazioni Unite, attraverso la loro agenda per lo sviluppo sostenibile, sottolineano l'importanza dell'educazione come uno strumento fondamentale per raggiungere tutti i 17 Obiettivi di Sviluppo Sostenibile (SDGs). L'educazione ambientale, in particolare, è vista come cruciale per raggiungere l'Obiettivo 13 sul cambiamento climatico, l'Obiettivo 14 sulla vita sott'acqua, e l'Obiettivo 15 sulla vita sulla terra. Allo stesso tempo, molte istituzioni accademiche in tutto il mondo stanno integrando l'educazione ambientale nei loro curricula. Non si tratta solo di corsi specifici, ma di una riconsiderazione dell'approccio didattico, in cui la sostenibilità e la consapevolezza ambientale diventano parte integrante di quasi ogni disciplina, dall'ingegneria alla letteratura.

La natura interdisciplinare dell'educazione ambientale è, di per sé, un enorme vantaggio. Per comprendere appieno le sfide ambientali, è necessario un approccio olistico che tenga conto delle interazioni tra fattori naturali, sociali, economici e politici. Ad esempio, la perdita di biodiversità non è solo una questione ecologica, ma è strettamente legata a fattori come la politica agricola, il commercio internazionale, le pratiche locali di uso del suolo e i diritti dei popoli indigeni.

In molti paesi, ci sono stati sforzi per introdurre l'educazione ambientale già nelle fasi iniziali dell'istruzione. La ragione è semplice: i bambini sono incredibilmente ricettivi e instillare in loro una comprensione e un rispetto per l'ambiente in giovane età può plasmare comportamenti sostenibili che persistono per tutta la vita. Programmi come l'educazione all'aperto, i giardini scolastici e le classi basate sulla natura sono solo alcune delle iniziative che hanno guadagnato popolarità.

Parallelamente all'educazione formale, l'apprendimento non formale e informale svolge un ruolo essenziale. Musei, giardini botanici, riserve naturali e centri di scienza offrono opportunità per il pubblico di imparare sull'ambiente. Attraverso mostre interattive, programmi di cittadinanza scientifica e attività pratiche, questi spazi possono offrire esperienze d'apprendimento profonde e coinvolgenti.

Ma forse uno degli aspetti più potenti dell'educazione ambientale è il suo ruolo nella costruzione di comunità. Quando le persone si radunano per imparare e agire sulle questioni ambientali, si creano legami e si costruisce un senso di appartenenza. Che si tratti di gruppi comunitari che lavorano per restaurare un habitat locale, di iniziative di quartiere per ridurre i rifiuti, o di coalizioni globali che si battono per la giustizia climatica, l'educazione e la sensibilizzazione sono al centro di queste azioni collettive.

Tutto ciò dimostra che l'educazione ambientale non è un "argomento" isolato. È piuttosto un filo che si intreccia attraverso molteplici aspetti della società e ha il potere di unire persone di diversi background, competenze e interessi verso un obiettivo comune: un futuro più sostenibile e giusto per tutti.

Nella società odierna, in cui l'informazione è sempre più digitalizzata e accessibile, l'educazione ambientale può sfruttare strumenti innovativi per raggiungere un pubblico più ampio. Ad esempio, l'emergere di piattaforme di apprendimento online, come MOOCs (Massive Open Online Courses), ha permesso a milioni di persone in tutto il mondo di accedere a corsi su temi legati alla sostenibilità, alle energie rinnovabili e ai cambiamenti climatici. Questi corsi, offerti da università di prestigio e istituzioni globali, rappresentano una risorsa inestimabile per chiunque desideri ampliare le proprie conoscenze in questo campo.

I social media e le applicazioni digitali hanno anche un ruolo fondamentale nella diffusione della consapevolezza ambientale. Attraverso campagne virali, infografiche, video ed e-games educativi, è possibile informare e coinvolgere persone di tutte le età. Questi strumenti possono trasformare concetti complessi in messaggi chiari e accattivanti, rendendo l'apprendimento divertente e interattivo.

Non solo la tecnologia, ma anche l'arte ha il potere di sensibilizzare sulle questioni ambientali. Film, documentari, musica, teatro e arti visive possono rappresentare potenti veicoli di sensibilizzazione. Opere come "Una scomoda verità" di Al Gore o documentari come "Planet Earth" della BBC hanno avuto un impatto significativo sul modo in cui il grande pubblico percepisce le sfide ambientali. L'arte, attraverso la sua capacità di suscitare emozioni, può spingere le persone a riflettere profondamente e a passare all'azione.

Mentre parliamo di sensibilizzazione, non possiamo ignorare l'importanza dei leader di opinione, come attivisti, scienziati e celebrità, nel plasmare il discorso pubblico. Figure come Greta Thunberg, con il suo movimento "Fridays for Future", hanno portato l'attenzione globale sul cambiamento climatico e sull'urgente necessità di azioni concrete. Questi individui, con la loro passione e determinazione, possono ispirare generazioni a informarsi e ad agire.

Tuttavia, è fondamentale ricordare che l'educazione ambientale non riguarda solo la diffusione di informazioni, ma anche l'empowerment delle persone. Significa fornire alle persone gli strumenti e le competenze per prendere decisioni informate, per valutare criticamente le informazioni e per partecipare attivamente alla soluzione dei problemi ambientali. Questo include la promozione del pensiero critico, della capacità di problem solving e dell'alfabetizzazione scientifica.

Un'altra dimensione cruciale dell'educazione ambientale è la sua capacità di promuovere la connessione tra l'individuo e l'ambiente circostante. La natura non dovrebbe essere vista solo come una risorsa da proteggere, ma come una fonte di benessere, ispirazione e apprendimento. In questo contesto, esperienze come le escursioni nella natura, l'osservazione degli uccelli o la coltivazione di un giardino possono diventare potenti strumenti educativi, che permettono alle persone di connettersi con l'ambiente su un piano emotivo e personale.

Concludendo, l'educazione e la sensibilizzazione ambientale rappresentano pilastri fondamentali nella costruzione di una società sostenibile e consapevole delle sfide ecologiche. Queste non sono meramente attività di trasmissione di conoscenze, ma piuttosto processi complessi che mirano a formare individui capaci di comprendere, valutare e agire in maniera informata e responsabile nel contesto delle crescenti problematiche ambientali. L'integrazione dell'educazione ambientale nei programmi scolastici tradizionali è di fondamentale importanza. I giovani, infatti, sono la futura forza lavoro, i leader di domani e, soprattutto, i custodi del pianeta. E' quindi essenziale che acquisiscano una comprensione profonda delle interconnessioni tra società, economia e ambiente, e che siano preparati a fare scelte sostenibili nella loro vita quotidiana e professionale.

Le tecnologie moderne, come le piattaforme di apprendimento online e i social media, hanno ampliato la portata e l'efficacia degli sforzi di educazione ambientale, rendendo l'informazione accessibile a un pubblico globale e diversificato. Tuttavia, è essenziale affiancare a questi strumenti digitali esperienze pratiche e dirette con l'ambiente, promuovendo la connessione emotiva e personale con la natura.

L'arte, in tutte le sue forme, svolge un ruolo cruciale nel tradurre la scienza e le statistiche in storie e immagini che possono toccare il cuore e la mente delle persone, motivandole all'azione. Le narrazioni, le immagini e le emozioni possono spesso fare molto di più di mille rapporti o grafici nel sensibilizzare l'opinione pubblica.

Tuttavia, la responsabilità dell'educazione ambientale non ricade solo sulle scuole o sui media. Ogni individuo, organizzazione, impresa e governo ha un ruolo da svolgere. Dal promuovere la formazione continua, alla sponsorizzazione di eventi di sensibilizzazione, alla creazione di politiche pubbliche che incoraggiano la ricerca e l'innovazione in materia di sostenibilità.

In sintesi, l'educazione e la sensibilizzazione ambientale sono molto più di un insieme di fatti o di buone pratiche da adottare. Sono il cuore pulsante di una trasformazione culturale, sociale ed economica che mira a creare un mondo in cui l'armonia tra l'umanità e la natura sia al centro delle nostre aspirazioni e delle nostre azioni. In questo contesto, ogni sforzo educativo, piccolo o grande, contribuisce a plasmare il futuro del nostro pianeta e delle generazioni future.

16. Etica e responsabilità sociale: Come le aziende possono contribuire.

L'etica e la responsabilità sociale d'impresa (RSI) sono diventate tematiche centrali per molte organizzazioni in tutto il mondo. Questo focus rappresenta non solo una risposta alle crescenti pressioni da parte di consumatori, investitori e stakeholder, ma anche un riconoscimento del ruolo che le aziende possono e devono svolgere nel plasmare un futuro sostenibile. Qui di seguito, vengono esplorate le principali dimensioni di questa tematica.

1. Definizione della RSI: La responsabilità sociale d'impresa è l'integrazione volontaria da parte delle imprese delle preoccupazioni sociali ed ecologiche nelle loro operazioni commerciali e nelle loro interazioni con gli stakeholder. Va oltre la semplice conformità alle leggi e ai regolamenti, puntando a una gestione proattiva degli impatti sociali, economici e ambientali.

2. Benefici per le aziende: Adottare pratiche etiche e socialmente responsabili può portare a una serie di benefici per le aziende, tra cui una migliore reputazione, la fiducia degli stakeholder, vantaggi competitivi, una maggiore efficienza operativa e l'attrazione di talenti di alta qualità.

3. Reporting e trasparenza: Molte aziende ora pubblicano report di sostenibilità, in cui delineano le loro iniziative, progressi e obiettivi legati alla RSI. Questi rapporti sono strumenti essenziali per la trasparenza e la responsabilità, consentendo alle parti interessate di valutare le performance delle aziende in termini di sostenibilità.

4. Catena di approvvigionamento sostenibile: Non basta che un'azienda adotti pratiche sostenibili internamente; è cruciale che anche la loro catena di approvvigionamento rifletta gli stessi valori. Questo può includere tutto, dal garantire salari equi e condizioni di lavoro sicure per i lavoratori, al monitoraggio e riduzione dell'impatto ambientale dei fornitori.

5. Iniziative green e eco-innovazioni: Molte aziende stanno adottando tecnologie verdi e pratiche innovative per ridurre il loro impatto ambientale. Queste possono includere l'adozione di energie rinnovabili, l'ottimizzazione dell'uso delle risorse, il riciclo e il riutilizzo.

6. Collaborazione con la comunità: Le aziende possono avere un impatto positivo sulle comunità in cui operano attraverso iniziative filantropiche, partnership con organizzazioni locali, volontariato dei dipendenti e programmi di formazione e istruzione.

7. Governance: Una governance solida ed etica è alla base della responsabilità sociale d'impresa. Le aziende dovrebbero avere meccanismi in atto per garantire l'integrità, la trasparenza e la responsabilità a tutti i livelli dell'organizzazione.

8. Diritti umani: Le aziende hanno la responsabilità di garantire che i diritti umani siano rispettati in tutte le loro operazioni, evitando qualsiasi forma di sfruttamento o discriminazione.

9. Gestione delle crisi: Quando emergono problemi o controversie legate alle pratiche aziendali, una gestione efficace e responsabile delle crisi diventa fondamentale. Le aziende etiche e responsabili affrontano direttamente questi problemi, comunicano apertamente con gli stakeholder e prendono provvedimenti per rettificare e prevenire future problematiche.

10. Consumatori e RSI: L'aumento della consapevolezza dei consumatori riguardo alle questioni ambientali e sociali significa che molte persone ora danno la preferenza a prodotti e servizi che sono prodotti in modo etico e sostenibile. Le aziende che rispondono a questa domanda non solo beneficiano di una posizione competitiva sul mercato, ma contribuiscono anche attivamente a plasmare una società più consapevole e sostenibile.

Conclusione: Nell'era della globalizzazione e dell'informazione immediata, le aziende sono sempre più sotto i riflettori per le loro pratiche e politiche. Adottare un approccio basato sull'etica e sulla responsabilità sociale non è solo una buona prassi commerciale, ma è essenziale per la sopravvivenza e il successo a lungo termine delle imprese. La responsabilità sociale d'impresa, pertanto, non dovrebbe essere vista come un onere o un'obbligazione, ma come un'opportunità per le aziende di contribuire in modo significativo alla costruzione di un mondo più giusto, sostenibile e prospero.

Nel contesto di etica e responsabilità sociale d'impresa, ci sono numerosi aspetti e sfaccettature che meritano ulteriore esplorazione e riflessione. Dopo aver delineato i principali elementi della RSI, è importante esplorare come questi concetti siano radicati nella realtà operativa delle aziende e come influenzino la loro interazione con la società in generale.

Integrazione della RSI nelle strategie aziendali: Negli ultimi decenni, l'incorporazione della RSI nelle strategie aziendali è passata da un approccio reattivo a uno proattivo. Invece di limitarsi a rispondere alle critiche esterne, molte aziende ora vedono la RSI come una componente essenziale del loro modello di business. Questo cambio di paradigma ha portato a una maggiore integrazione di considerazioni etiche e sostenibili in tutte le fasi della pianificazione e dell'esecuzione.

Formazione e cultura aziendale: La vera realizzazione della RSI va oltre le semplici dichiarazioni di intenti o le iniziative di alto profilo. Per essere veramente efficace, l'etica e la responsabilità sociale devono essere radicate nella cultura aziendale. Questo significa investire nella formazione dei dipendenti, promuovere valori aziendali solidi e incoraggiare un approccio critico e riflessivo ai problemi etici.

Tecnologia e RSI: Con l'ascesa della digitalizzazione e delle nuove tecnologie, ci sono nuove opportunità e sfide per la RSI. Ad esempio, l'intelligenza artificiale e la big data offrono strumenti preziosi per monitorare e migliorare la sostenibilità delle operazioni aziendali. Tuttavia, queste stesse tecnologie possono anche presentare dilemmi etici, come questioni legate alla privacy e all'equità.

Stakeholder e co-creazione di valore: La RSI moderna riconosce l'importanza di coinvolgere gli stakeholder in un dialogo costruttivo. Questo non si limita alla comunicazione top-down, ma include processi di co-creazione in cui consumatori, comunità e altre parti interessate sono coinvolti attivamente nella definizione di obiettivi e strategie di sostenibilità.

Misurazione e valutazione: Uno dei grandi sfide nel campo della RSI è la misurazione e valutazione dei risultati. Mentre alcune iniziative di sostenibilità hanno risultati tangibili e misurabili, altre, come quelle legate all'equità o all'inclusione, possono essere più difficili da quantificare. Ciò richiede metodi innovativi e un approccio flessibile alla valutazione.

Normative e linee guida internazionali: Mentre molte iniziative di RSI sono volontarie, esistono anche una serie di normative e linee guida internazionali che le aziende possono scegliere di seguire. Questi possono includere standard come quelli stabiliti dall'Organizzazione Internazionale del Lavoro (OIL) o principi come il Global Compact delle Nazioni Unite.

Definizione di nuovi standard: Con l'evoluzione della consapevolezza pubblica e delle aspettative degli stakeholder, ciò che viene considerato "responsabile" o "etico" può cambiare nel tempo. Pertanto, è essenziale che le aziende rimangano flessibili e aperte al cambiamento, pronte a rivedere e aggiornare le loro politiche e pratiche di RSI in risposta ai nuovi insight e sfide.

Interdipendenza globale: In un mondo sempre più interconnesso, le azioni di un'azienda in una parte del mondo possono avere ripercussioni in un'altra. Questa interdipendenza significa che la RSI non può essere vista in isolamento, ma deve essere considerata alla luce di un contesto globale e delle sue interrelazioni complesse.

In conclusione, l'etica e la responsabilità sociale d'impresa sono concetti in continua evoluzione, influenzati da una miriade di fattori sia interni che esterni alle aziende. Mentre le pratiche e le iniziative specifiche possono variare, ciò che rimane costante è l'

Sostenibilità e RSI: La sostenibilità è ormai diventata una parola chiave nel discorso aziendale, ma non si dovrebbe confondere con la semplice responsabilità sociale. Mentre la RSI può riguardare qualsiasi azione positiva che un'azienda intraprende nei confronti della società, la sostenibilità si concentra specificamente su come le aziende possono operare in un modo che non esaurisca le risorse o comprometta il benessere delle generazioni future. Quindi, oltre ad avere una responsabilità nei confronti degli stakeholder attuali, le aziende hanno anche una responsabilità intergenerazionale.

RSI e catena di approvvigionamento: Con l'aumento della globalizzazione, le catene di approvvigionamento delle aziende si sono estese in tutto il mondo. Questo significa che la responsabilità sociale delle aziende non si limita alle proprie operazioni, ma si estende anche ai loro fornitori. Le aziende eticamente responsabili devono garantire che i loro fornitori aderiscano a standard sociali, ambientali e di lavoro appropriati.

Consumatori consapevoli: L'età dell'informazione ha portato a consumatori più informati e consapevoli. Questi consumatori non solo vogliono prodotti di alta qualità, ma anche prodotti che siano prodotti in modo etico e sostenibile. Le aziende che non soddisfano queste aspettative possono trovare i loro marchi e le loro reputazioni a rischio.

Collaborazioni e partnership: La RSI non è un'attività che un'azienda dovrebbe intraprendere da sola. Molte delle sfide più grandi, come il cambiamento climatico o la riduzione della povertà, richiedono sforzi collaborativi. Le aziende possono ampliare il loro impatto sociale attraverso partnership con ONG, governi, comunità locali e altre aziende.

Trasparenza e rendicontazione: La sola adesione alle pratiche di RSI non è sufficiente; le aziende devono anche essere trasparenti riguardo ai loro sforzi. Questo può includere la pubblicazione di rapporti sulla sostenibilità, la partecipazione a iniziative di rendicontazione come il Global Reporting Initiative (GRI) o la divulgazione di informazioni attraverso piattaforme come CDP (ex Carbon Disclosure Project).

Inclusione e diversità: L'etica aziendale e la RSI si estendono anche alle questioni di inclusione e diversità. Le aziende che promuovono attivamente un ambiente di lavoro inclusivo e diversificato non solo beneficiano di una maggiore innovazione e creatività, ma rispecchiano anche meglio le comunità in cui operano.

Innovazione per la sostenibilità: La tecnologia e l'innovazione giocano un ruolo cruciale nel guidare la RSI nel 21° secolo. Ciò può includere l'adozione di nuove tecnologie per ridurre l'impatto ambientale, sviluppando prodotti che aiutano a risolvere problemi sociali o sfruttando la tecnologia digitale per migliorare la trasparenza e la rendicontazione.

Rischi e gestione: La non conformità alle pratiche di RSI può portare a una serie di rischi per le aziende, tra cui danni alla reputazione, azioni legali, perdite finanziarie e perdita di fiducia da parte degli stakeholder. Pertanto, una solida gestione dei rischi associati alla RSI è fondamentale per qualsiasi azienda moderna. Infine, la RSI è diventata una parte intrinseca dell'operatività aziendale moderna, influenzando ogni aspetto delle operazioni, dalla catena di approvvigionamento alla gestione delle risorse umane, alla strategia di marketing. Mentre la natura esatta della RSI può variare da un'azienda all'altra, ciò che è chiaro è il suo ruolo crescente nell'orientare le decisioni e le azioni delle aziende in tutto il mondo.

Concludendo, l'etica e la responsabilità sociale d'impresa (RSI) sono diventate componenti imprescindibili nella gestione aziendale del XXI secolo. Tali principi non si limitano solo a delle buone prassi interne, ma sono tessere di un mosaico ben più ampio che coinvolge l'intero ecosistema in cui un'azienda opera. Da un lato, c'è una crescente pressione da parte degli stakeholder, tra cui consumatori, investitori e dipendenti, che chiedono un impegno tangibile verso temi etici, ambientali e sociali. Questa richiesta non è mossa solo da considerazioni morali, ma anche dalla crescente consapevolezza che le aziende che operano responsabilmente hanno maggiori probabilità di prosperare a lungo termine.

L'adozione di pratiche etiche e di RSI non solo tutela le aziende dai rischi reputazionali, ma apre anche nuove opportunità di mercato, attirando consumatori consapevoli e investitori attenti alla sostenibilità. La trasparenza nella rendicontazione e la capacità di dimostrare azioni concrete sono fondamentali in questo scenario, poiché un mero "greenwashing" o azioni superficiali possono avere effetti contraproducenti.

La RSI, però, non dovrebbe essere vista solo come una reazione a pressioni esterne. Essa offre alle aziende l'opportunità di ridefinire il proprio ruolo nella società, contribuendo attivamente alla soluzione di sfide globali, come la povertà, la disparità e il cambiamento climatico. Le aziende che abbracciano sinceramente questa visione non solo beneficiano in termini di reputazione, ma scoprono anche nuove fonti di innovazione e crescita.

Inoltre, nell'era della globalizzazione, le catene di approvvigionamento si sono estese e complicano la gestione etica. L'etica aziendale non si ferma alle porte dell'azienda, ma si estende a tutti i partner e fornitori con cui collabora, rendendo la RSI un impegno globale.

In sintesi, l'etica e la RSI non sono più semplici add-on o iniziative isolate nell'ambito aziendale. Sono diventate centrali nella definizione dell'identità di un'azienda, nella sua missione e nella sua strategia a lungo termine. Le aziende del futuro saranno quelle che riconoscono e abbracciano pienamente il loro ruolo nella costruzione di una società più giusta, equa e sostenibile.

17. Il ruolo dei consumatori: Consumo consapevole e scelte sostenibili.

Il ruolo dei consumatori nella promozione di una società più sostenibile è fondamentale. I comportamenti di acquisto e le scelte dei consumatori possono influenzare profondamente la direzione dell'industria e del mercato. Man mano che la consapevolezza ambientale e sociale cresce, molti consumatori stanno diventando attori attivi nel cambiamento, facendo scelte di consumo più informate e responsabili. Analizziamo questo argomento in modo dettagliato:

1. **Consumo Consapevole**: Questo concetto si riferisce all'idea che i consumatori siano informati e prendano decisioni di acquisto basate non solo sul prezzo o sulla qualità di un prodotto, ma anche sull'impatto che quel prodotto o servizio ha sull'ambiente e sulla società. Ciò può includere valutazioni su come un prodotto è fabbricato, le pratiche lavorative dell'azienda che lo produce, l'origine dei materiali e l'impatto ambientale della produzione.

2. **Etichettatura e Certificazioni**: Una delle principali sfide per i consumatori è la mancanza di informazioni chiare sui prodotti e sui servizi. Le etichette e le certificazioni ambientali e sociali aiutano i consumatori a distinguere i prodotti sostenibili da quelli che non lo sono. Marchi come Fair Trade, Rainforest Alliance o certificazioni biologiche sono esempi in questo senso.

3. **Boicottaggio e Buycottaggio**: Questi sono metodi con cui i consumatori esercitano il loro potere per influenzare le aziende. Mentre il boicottaggio riguarda l'evitare prodotti o marchi che non rispettano determinati standard etici, il buycottaggio implica il supporto attivo all'acquisto di prodotti di aziende che dimostrano una forte responsabilità sociale o ambientale.

4. **Consumo Collaborativo**: L'economia della condivisione ha introdotto nuovi modelli di consumo, come il car-sharing o l'home-sharing. Questi modelli possono ridurre la domanda di beni, limitando così l'utilizzo delle risorse e l'impatto ambientale.

5. **Riduzione del Consumo**: Mentre molti sforzi si concentrano su come produrre in modo più sostenibile, è essenziale anche considerare la riduzione del consumo in generale. L'adozione di uno stile di vita minimalista o la scelta di

consumare meno e meglio sono trend crescenti tra i consumatori consapevoli.

6. **Comunità e Movimenti**: Gruppi e comunità di consumatori consapevoli si stanno formando, sia online che offline, per condividere informazioni, sostenere pratiche sostenibili e influenzare le aziende e le politiche.

7. **Educazione del Consumatore**: L'educazione è fondamentale per aumentare la consapevolezza. I programmi educativi nelle scuole, campagne di sensibilizzazione e iniziative dei media giocano un ruolo cruciale nell'informare i consumatori sulle implicazioni delle loro scelte.

In conclusione, il potere del consumatore nell'influenzare le direzioni del mercato e delle aziende è immenso. Attraverso scelte consapevoli, i consumatori non solo beneficiano direttamente, ma possono anche promuovere un cambio di paradigma verso pratiche di business più sostenibili, incoraggiando le aziende a intraprendere percorsi più responsabili. Il consumo consapevole, quindi, non è solo un'azione individuale, ma un atto collettivo che può guidare il cambiamento verso una società più equa e sostenibile.

Il ruolo dei consumatori si estende ben oltre le semplici decisioni di acquisto. Le azioni e le scelte quotidiane dei consumatori possono essere viste come un voto economico, un modo per esprimere le proprie preferenze e valori. Questa influenza del consumatore ha una serie di ripercussioni più ampie:

Applicazioni digitali e piattaforme: Nel mondo digitale di oggi, numerose applicazioni e piattaforme aiutano i consumatori a prendere decisioni più sostenibili. Ad esempio, app che confrontano l'impronta di carbonio dei prodotti, piattaforme che permettono di acquistare prodotti di seconda mano o app che indicano ristoranti e negozi locali che adottano pratiche sostenibili.

Mentalità del "prosumer": Il termine "prosumer" combina le parole "produttore" e "consumatore". Si riferisce ai consumatori che sono attivamente coinvolti nella creazione o modifica dei prodotti che consumano. Questo modello decentralizzato può portare a una produzione più locale, riducendo la necessità di trasporti a lunga distanza e promuovendo l'adozione di metodi di produzione più sostenibili.

Estensione della vita dei prodotti: Molti consumatori stanno cercando di estendere la durata dei prodotti che acquistano attraverso la riparazione, la manutenzione e la personalizzazione. Questo atteggiamento riduce la domanda di nuovi prodotti e, di conseguenza, la quantità di risorse utilizzate e i rifiuti prodotti.

Rete di economia di seconda mano: Mercati dell'usato, vendite di garage, piattaforme online come eBay o locali come Subito.it, e negozi di abiti usati stanno diventando sempre più popolari. Questi canali non solo danno una seconda vita ai prodotti, riducendo la necessità di produrre nuovi beni, ma aiutano anche a conservare le risorse e a ridurre l'impatto ambientale.

Atteggiamento verso l'imballaggio: C'è una crescente consapevolezza dell'importanza di ridurre gli imballaggi inutili, in particolare quelli in plastica. Molti consumatori ora portano con sé contenitori riutilizzabili, sacchetti di stoffa e altre alternative sostenibili quando fanno shopping.

Turismo sostenibile: Anche le decisioni relative ai viaggi possono avere un impatto significativo sull'ambiente. Sempre più turisti stanno optando per destinazioni ecologiche, alloggi sostenibili e attività a basso impatto ambientale.

Iniziativa del consumatore: Al di là delle decisioni di acquisto, i consumatori stanno diventando sempre più attivi nella richiesta di cambiamenti. Attraverso petizioni, proteste, campagne di sensibilizzazione e altre iniziative, i consumatori stanno esercitando pressioni sulle aziende e sui governi affinché adottino pratiche più sostenibili.

In sintesi, il ruolo dei consumatori nell'economia moderna è in evoluzione. Non sono più passivi acquirenti di beni e servizi, ma attori attivi che, con le loro decisioni quotidiane e le loro azioni, plasmano il mercato in modo che rifletta i loro valori e le loro aspirazioni per un futuro più sostenibile. La crescente interconnessione globale e l'accesso all'informazione rendono i consumatori più potenti che mai nella loro capacità di influenzare il cambiamento.

La profonda connessione tra consumatori e sostenibilità può essere ulteriormente esplorata in vari aspetti:

Fiducia nel marchio: La fiducia del consumatore in un marchio non si basa più solo sulla qualità del prodotto o sul prezzo, ma anche sulla trasparenza delle pratiche aziendali. Le aziende che dimostrano autenticamente il loro impegno nella sostenibilità tendono a guadagnare una maggiore lealtà da parte dei consumatori consapevoli.

Influencer e sostenibilità: Gli influencer dei social media stanno diventando ambasciatori della sostenibilità, promuovendo stili di vita eco-compatibili e marchi etici. Attraverso i loro canali, riescono a raggiungere milioni di persone, sensibilizzandole su temi come il consumo responsabile, la moda etica e l'agricoltura biologica.

Programmi di lealtà sostenibile: Alcune aziende stanno introducendo programmi di lealtà che ricompensano i clienti non solo per gli acquisti, ma anche per comportamenti sostenibili, come il riciclo o l'adozione di soluzioni a basse emissioni di carbonio.

La crescita delle certificazioni: La domanda dei consumatori di trasparenza ha portato a un aumento delle certificazioni ambientali e sociali. Marchi come Fair Trade, Rainforest Alliance o certificazioni biologiche sono sempre più presenti sugli scaffali, fungendo da guide per i consumatori nella scelta di prodotti sostenibili.

Attenzione alle micro-tendenze: Nuovi movimenti come il "minimalismo", "zero waste" e il "DIY (Do It Yourself)" emergono come risposta alla sovrapproduzione e al consumismo eccessivo. Queste tendenze riflettono il desiderio dei consumatori di avere un impatto positivo attraverso le loro scelte di vita e di consumo.

Scelte alimentari e sostenibilità: La crescente consapevolezza dell'impatto ambientale della produzione di carne ha spinto molti consumatori a ridurre il loro consumo o a scegliere fonti alternative di proteine. La domanda di cibi a base vegetale, come il tofu, il tempeh o le proteine di insetti, sta crescendo in molte parti del mondo.

Effetto della peer pressure: Il comportamento dei consumatori non è influenzato solo dalle loro convinzioni personali, ma anche da ciò che vedono fare ai loro pari. La crescente adozione di pratiche sostenibili in una comunità può avere un effetto domino, incoraggiando altri a seguire l'esempio.

Ricerca e consapevolezza: La facilità di accesso alle informazioni oggi permette ai consumatori di informarsi meglio sulle origini dei prodotti, sulle pratiche aziendali e sull'impatto ambientale. Questo li rende più capaci di prendere decisioni informate e di sostenere aziende e prodotti veramente sostenibili.

Collaborazione tra consumatori: La nascita di comunità online e offline incentrate sulla sostenibilità offre ai consumatori piattaforme per scambiarsi consigli, informazioni e risorse, amplificando così l'impatto delle loro scelte individuali.

Incorporare questi vari aspetti nella propria vita quotidiana può sembrare una sfida, ma la crescente disponibilità di risorse e la comunità di consumatori consapevoli offrono sostegno e ispirazione. Man mano che sempre più persone prendono coscienza della loro capacità di influenzare positivamente il mondo attraverso le loro scelte, l'intero tessuto del mercato globale inizia a cambiare in direzione di un futuro più sostenibile.

Applicazioni digitali per il consumo consapevole: In un'era dominata dalla tecnologia, sono emerse numerose applicazioni che aiutano i consumatori a prendere decisioni d'acquisto più sostenibili. Queste applicazioni spesso forniscono informazioni sui prodotti, come la loro origine, la sostenibilità delle materie prime utilizzate e la loro impronta ecologica, permettendo ai consumatori di fare scelte informate al momento dell'acquisto.

Moda sostenibile e seconda mano: Una delle industrie maggiormente criticate per le sue pratiche non sostenibili è l'industria della moda. Il fast fashion, in particolare, è stato al centro dell'attenzione per le sue pratiche produttive dannose e l'eccesso di rifiuti. Ciò ha portato a una crescente domanda di moda sostenibile e all'emergere di piattaforme di seconda mano, dove i consumatori possono acquistare e vendere vestiti usati, promuovendo la longevità dei capi e riducendo gli sprechi.

Turismo responsabile: L'industria del turismo è un'altra che ha visto una crescente domanda di pratiche più sostenibili. I viaggiatori sono sempre più interessati a destinazioni e esperienze che rispettano l'ambiente e le comunità locali. Ciò ha portato a un aumento del turismo eco-compatibile, dove l'enfasi è posta sulla minimizzazione dell'impatto ambientale e sociale dei viaggi.

Consumo di energia e acquisti di elettronica: I consumatori stanno diventando sempre più attenti all'acquisto di dispositivi elettronici che consumano meno energia e hanno una maggiore durata. L'acquisto di elettrodomestici ad alta efficienza energetica, ad esempio, non solo riduce l'impronta ecologica, ma può anche portare a significativi risparmi energetici e finanziari nel lungo termine.

Imballaggi e plastica: L'attenzione mondiale sugli effetti negativi della plastica sull'ambiente ha portato molti consumatori a cercare alternative più sostenibili. L'adozione di imballaggi riutilizzabili, la riduzione dell'uso della plastica monouso e il supporto a marchi che utilizzano materiali riciclabili sono diventate priorità per molti.

Acqua e consumo responsabile: L'acqua è una risorsa preziosa e molti consumatori stanno diventando consapevoli del loro consumo. L'adozione di pratiche come l'uso di apparecchiature ad alta efficienza idrica, la raccolta delle acque piovane e la scelta di prodotti che richiedono meno acqua per la loro produzione sono passi importanti in questa direzione.

Attenzione alle economie locali: Molti consumatori stanno iniziando a comprendere l'importanza di sostenere le economie locali. Acquistare prodotti locali non solo riduce l'impronta di carbonio associata al trasporto, ma supporta anche le piccole imprese e contribuisce al benessere delle comunità locali.

Responsabilità estesa del produttore: Alcune legislazioni stanno introducendo il concetto di "responsabilità estesa del produttore", che sposta l'onere della gestione dei rifiuti dai consumatori ai produttori. Questo approccio incoraggia le aziende a progettare prodotti che siano più facili da riciclare o smaltire in modo sostenibile.

Ogni giorno, nuove tendenze e informazioni emergono nel campo del consumo consapevole. La chiave per i consumatori è rimanere informati, fare ricerche e continuare a adattare le proprie abitudini per riflettere le migliori pratiche sostenibili disponibili. Mentre la strada verso la sostenibilità globale è lunga, ogni piccolo passo e scelta consapevole conta nel grande schema delle cose.

Sistemi di certificazione e etichettatura: I consumatori stanno diventando sempre più attenti alle certificazioni e alle etichette quando acquistano prodotti. Marchi come Fair Trade, Rainforest Alliance e certificazioni biologiche forniscono informazioni chiave sulle pratiche sostenibili dietro un prodotto. Questi sistemi di certificazione possono guidare i consumatori verso scelte più consapevoli, assicurando che i prodotti che acquistano rispettino determinati standard ambientali e sociali.

Alimentazione e dieta sostenibile:
L'attenzione si sta spostando sempre più verso
l'adozione di diete sostenibili, che non solo sono
benefiche per la salute ma anche per l'ambiente.
Ciò include la riduzione del consumo di carne,
l'adozione di diete a base vegetale e l'acquisto di
prodotti alimentari locali e di stagione. Queste
scelte possono avere un impatto significativo
sulla riduzione dell'uso di risorse e sulle
emissioni di gas serra.

Boicottaggi e campagne: I consumatori
hanno il potere di influenzare le aziende
attraverso le loro scelte di acquisto. Negli anni, ci
sono state diverse campagne di boicottaggio
lanciate contro aziende che non aderiscono a
pratiche sostenibili. Questi movimenti hanno
spesso portato a cambiamenti significativi nelle
politiche e nelle pratiche delle aziende.

Sostenibilità e lusso: C'è una crescente
tendenza tra le marche di lusso a integrare
pratiche sostenibili nei loro modelli di business.
Dal sourcing sostenibile di diamanti e metalli
preziosi alla produzione di capi di alta moda con
materiali ecologici, il lusso sta diventando
sempre più sinonimo di sostenibilità.

Tecnologia e shopping online: Con l'ascesa dello shopping online, si stanno sviluppando nuove piattaforme e strumenti che aiutano i consumatori a fare scelte più sostenibili. Questi strumenti possono fornire informazioni dettagliate sul ciclo di vita dei prodotti, le recensioni sostenibili e persino suggerimenti su prodotti alternativi più ecologici.

Prodotti come servizio: Una tendenza emergente in alcuni settori è la transizione dal possedere prodotti al "noleggiare" servizi. Ad esempio, anziché acquistare una lavatrice, un consumatore potrebbe "noleggiare" il servizio di lavanderia da una società. Questo modello può ridurre il consumo e lo spreco, poiché le aziende hanno l'incentivo a produrre beni di lunga durata.

Gruppi e comunità di consumo consapevole: In molte città e comunità, stanno emergendo gruppi di consumatori consapevoli che condividono risorse, consigli e strategie per vivere in modo più sostenibile. Queste comunità possono fornire un supporto inestimabile nell'aiutare i singoli a navigare nel complesso paesaggio del consumo consapevole.

Formazione e workshop: Sempre più organizzazioni e istituti offrono corsi, seminari e workshop sul consumo consapevole. Queste sessioni educative forniscono ai consumatori le

competenze e le conoscenze necessarie per
interpretare le informazioni sul prodotto, capire
le implicazioni ambientali e sociali delle loro
scelte e implementare cambiamenti sostenibili
nel loro stile di vita quotidiano.

In definitiva, il ruolo dei consumatori
nell'economia sostenibile è cruciale. Attraverso le
loro scelte quotidiane e l'impegno per un
consumo più consapevole, i consumatori hanno il
potere di guidare il cambiamento e di influenzare
le aziende a adottare pratiche più sostenibili.

La trasformazione verso un modello economico
sostenibile è un compito collettivo che coinvolge
molteplici attori, tra cui imprese, governi,
organizzazioni non governative e, in modo
fondamentale, i consumatori. È il consumatore,
con le sue decisioni quotidiane di acquisto e
consumo, che detiene un potere significativo nel
plasmare il mercato e influenzare la direzione
delle imprese.

Negli ultimi anni, c'è stata una crescente
consapevolezza riguardo alle questioni
ambientali e sociali tra il grande pubblico. Questa
crescente sensibilità si riflette nell'importanza
attribuita alle pratiche sostenibili, etiche e
trasparenti da parte delle aziende. Tuttavia, per
facilitare scelte di consumo consapevole, è

essenziale che i consumatori siano adeguatamente informati e formati.

Le etichette e le certificazioni svolgono un ruolo chiave in questo contesto, fungendo da ponte tra la complessità delle questioni sostenibili e la necessità di informazioni chiare e affidabili. La presenza di marchi riconosciuti può aiutare i consumatori a distinguere tra prodotti realizzati con standard elevati e quelli che non lo sono. Ma oltre alle etichette, è fondamentale l'educazione: comprendere le questioni chiave, i processi produttivi e le implicazioni delle proprie decisioni è essenziale per poter esercitare un consumo veramente consapevole.

Inoltre, l'avvento delle nuove tecnologie e dell'e-commerce ha amplificato la portata e l'accesso a una vasta gamma di prodotti e servizi, dando ai consumatori una maggiore agenzia nel loro ruolo di attori del mercato. Questo, combinato con l'emergere di comunità e reti di consumatori consapevoli, ha dato luogo a movimenti potenti capaci di sfidare e influenzare le pratiche aziendali.

Tuttavia, nonostante le opportunità offerte dalla digitalizzazione, rimane la sfida di garantire che le informazioni disponibili online siano accurate, trasparenti e facilmente comprensibili. La sovraccarico di informazioni può facilmente portare a confusione o disinformazione.

In conclusione, il ruolo dei consumatori nella promozione della sostenibilità è fondamentale e multifacetico. Se da un lato possono guidare il cambiamento attraverso le loro scelte, dall'altro hanno anche la responsabilità di informarsi e formarsi per compiere scelte veramente sostenibili. Le aziende, i governi e le organizzazioni civili devono collaborare per garantire che i consumatori siano dotati degli strumenti, delle conoscenze e delle risorse necessarie per agire come veri agenti di cambiamento nella realizzazione di un futuro più sostenibile.

18. Analisi Costi-Benefici: Valutare l'efficacia delle pratiche green.

L'Analisi Costi-Benefici (ACB) è un metodo sistematico e quantitativo per valutare e confrontare i vantaggi e gli svantaggi di progetti, politiche o decisioni. Quando applicata alle pratiche "green" o sostenibili, l'ACB diventa uno strumento essenziale per guidare decisioni informate su come allocare risorse in modo efficace e responsabile.

Costi delle Pratiche Green:

- **Investimenti iniziali:** L'adozione di tecnologie sostenibili può richiedere spese capitali significative. Ad esempio, l'installazione di pannelli solari o la transizione verso un impianto produttivo ad alta efficienza energetica possono avere costi elevati all'inizio.
- **Formazione:** La transizione verso pratiche più verdi può necessitare di formare il personale, comportando costi di tempo e risorse.
- **Manutenzione e operatività:** Alcune soluzioni sostenibili, seppur efficienti nel lungo periodo, potrebbero avere costi operativi o di manutenzione superiori a tecnologie tradizionali.
- **Normative e certificazioni:** Ottenere certificazioni ambientali o conformarsi a nuove normative può comportare costi aggiuntivi.

Benefici delle Pratiche Green:

- **Risparmio a lungo termine:** Nonostante gli investimenti iniziali, molte pratiche sostenibili portano a risparmi significativi nel tempo, come minori bollette energetiche o riduzione dei costi di smaltimento dei rifiuti.
- **Vantaggio competitivo:** Le aziende sostenibili spesso godono di una migliore reputazione, attraggono clienti consapevoli e possono accedere a nuovi mercati o a incentivi fiscali.
- **Riduzione dei rischi:** Adottare misure proattive in materia ambientale può ridurre il

rischio di sanzioni legali, incidenti ambientali o danni alla reputazione.

- **Salute e benessere:** Una produzione più pulita e un ambiente di lavoro più sano possono ridurre i giorni di malattia e aumentare la produttività dei dipendenti.

Quando si esegue un'ACB per le pratiche green, è essenziale considerare anche i benefici intangibili o a lungo termine. Ad esempio, mentre è relativamente semplice quantificare i risparmi derivanti dalla riduzione del consumo energetico, potrebbe essere più complesso valutare l'impatto positivo sulla reputazione aziendale o i benefici derivanti dalla creazione di un ambiente di lavoro più sano e motivante.

Inoltre, è fondamentale che l'ACB consideri un orizzonte temporale adeguato. Molte pratiche sostenibili possono avere costi iniziali elevati ma offrono rendimenti e benefici significativi nel medio-lungo termine.

Infine, in un contesto in cui la sostenibilità sta diventando sempre più centrale, la non adozione di pratiche green può rappresentare un rischio in sé. Le aziende che ritardano la transizione verso modelli più sostenibili potrebbero trovarsi in svantaggio rispetto ai concorrenti, perdere quote di mercato o affrontare crescenti pressioni da parte di regolamentazioni, investitori e consumatori.

Concludendo, un'analisi costi-benefici accurata e completa è essenziale per valutare l'efficacia delle pratiche green. Non si tratta solo di un esercizio contabile, ma di una valutazione strategica che tiene conto sia degli aspetti quantitativi sia di quelli qualitativi, offrendo una visione chiara delle opportunità e delle sfide legate all'adozione di soluzioni sostenibili.

L'Analisi Costi-Benefici (ACB) non si limita esclusivamente alla valutazione diretta dei costi e benefici tangibili. Esistono numerosi fattori, spesso trascurati, che devono essere inclusi nell'analisi per fornire una panoramica completa della situazione.

Esternalità ambientali: Una delle maggiori sfide nell'applicare l'ACB alle pratiche green è la valutazione delle esternalità, ovvero i costi o i benefici che influenzano una terza parte che non ha partecipato direttamente all'azione economica. Ad esempio, un'industria potrebbe emettere inquinanti che danneggiano la salute pubblica, ma se non è obbligata per legge a pagare per tali danni, questi costi non saranno inclusi nella sua analisi interna. Quindi, mentre il profitto dell'industria potrebbe apparire positivo, la società nel suo complesso potrebbe subire un danno netto.

Valore del capitale naturale: Il concetto di capitale naturale si riferisce alla risorsa naturale (come foreste, acqua e biodiversità) e ai servizi ecosistemici che fornisce. Queste risorse, se gestite correttamente, possono fornire benefici continui. Tuttavia, l'uso eccessivo o insostenibile di queste risorse può portare a costi significativi in futuro, come la perdita di biodiversità o la degradazione del suolo. Quantificare il valore del capitale naturale in termini monetari può essere complesso, ma è essenziale per una comprensione completa dei benefici delle pratiche green.

Aspetti socio-culturali: La sostenibilità non riguarda solo l'ambiente, ma anche il benessere sociale e culturale. Ad esempio, l'adozione di pratiche agricole sostenibili potrebbe preservare tradizioni culturali, mantenere comunità locali e promuovere la giustizia sociale. Anche se questi benefici non sono facilmente quantificabili, hanno un enorme valore per la società.

Implicazioni a lungo termine: Mentre l'ACB tende ad avere una prospettiva a breve termine, le decisioni relative alla sostenibilità devono necessariamente considerare il lungo termine. Investire ora in tecnologie pulite, anche se più costose inizialmente, potrebbe prevenire danni ambientali futuri, ridurre i costi a lungo termine e creare opportunità economiche nel futuro.

Adattamento e resilienza: In un mondo in cui i cambiamenti climatici stanno diventando sempre più tangibili, la resilienza e l'adattamento sono cruciali. Mentre possono comportare costi immediati, come la costruzione di infrastrutture resistenti al clima, i benefici in termini di riduzione dei danni futuri e protezione delle persone possono superare di gran lunga questi costi.

Infine, è importante notare che le metriche tradizionali utilizzate nell'ACB potrebbero non catturare pienamente il valore delle pratiche green. Nuovi strumenti e metodologie, come la valutazione dell'impronta ecologica o l'analisi del ciclo di vita, stanno emergendo come metodi complementari all'ACB per valutare l'efficacia delle pratiche green in un contesto più ampio e integrato.

Difficoltà nella quantificazione: Uno degli ostacoli più significativi nell'Analisi Costi-Benefici (ACB) per le pratiche green è la difficoltà nel quantificare sia i costi sia i benefici. Molti dei vantaggi derivanti da pratiche sostenibili, come l'aria pulita, l'acqua pulita e la biodiversità, sono intangibili e, pertanto, difficili da monetizzare. Tuttavia, ciò non significa che questi benefici non abbiano un valore reale per gli individui e per la società nel suo complesso.

Prezzi di mercato distorti: I mercati non riflettono sempre il vero costo delle risorse naturali. Ad esempio, l'acqua potabile potrebbe essere sottoprezzata in molte aree, portando a un uso eccessivo. In un'ACB, se le risorse vengono valutate solo in base ai prezzi di mercato, si potrebbe non riconoscere il vero costo della loro esaurimento.

Sviluppo di nuovi strumenti: Data la complessità e l'interconnessione dei sistemi ecologici e socio-economici, è necessario sviluppare nuovi strumenti e approcci per analizzare i costi e i benefici delle pratiche green. Questi potrebbero includere modelli di simulazione, valutazioni di scenario o metodi di valutazione contingente che cercano di attribuire un valore monetario ai beni non commercializzati.

Importanza del tasso di sconto: In ACB, il tasso di sconto è fondamentale. Esso determina il peso dei futuri costi e benefici rispetto a quelli presenti. In contesti di sostenibilità, dove i benefici potrebbero manifestarsi in un lontano futuro, la scelta del tasso di sconto può avere un impatto significativo sull'analisi. Un tasso di sconto elevato potrebbe minimizzare l'importanza dei benefici futuri, mentre un tasso più basso li valorizza di più.

Implicazioni intergenerazionali: Le decisioni basate sull'ACB riguardo alle pratiche green hanno spesso implicazioni che vanno oltre la generazione attuale. Investire in energie rinnovabili oggi potrebbe avere benefici per le generazioni future in termini di minori emissioni di carbonio e un ambiente più pulito. Ma come possiamo adeguatamente rappresentare e valorizzare i benefici per coloro che non sono ancora nati?

Feedback e interconnessioni: In molti casi, l'adozione di pratiche green può creare una serie di feedback positivi. Ad esempio, la piantumazione di alberi in una zona urbana può ridurre i costi energetici per il raffreddamento (grazie all'ombra fornita), aumentare il valore delle proprietà (poiché le aree verdi sono spesso più desiderabili) e migliorare la qualità dell'aria. Queste interconnessioni devono essere considerate nell'analisi per fornire una valutazione accurata.

Visione olistica: Invece di concentrarsi su singoli elementi o benefici, l'ACB delle pratiche green dovrebbe avere una prospettiva olistica. Ciò significa considerare l'intero ecosistema e come le varie parti interagiscono tra loro, piuttosto che analizzare ogni elemento in isolamento.

In sintesi, mentre l'Analisi Costi-Benefici può fornire una visione chiara dei potenziali vantaggi e svantaggi di una particolare pratica o decisione, è essenziale considerare una vasta gamma di fattori quando si valutano le iniziative green. Le metriche tradizionali potrebbero non catturare pienamente la complessità e l'interdipendenza del nostro mondo naturale e socio-economico.

L'Analisi Costi-Benefici (ACB) è uno strumento essenziale nella valutazione delle iniziative green, permettendo ai decisori di bilanciare i costi iniziali delle soluzioni sostenibili con i loro benefici a lungo termine. Tuttavia, applicare l'ACB nel contesto della sostenibilità presenta sfide uniche e complesse, che meritano una riflessione profonda.

Primo, la natura intrinseca dei benefici ambientali, come la preservazione della biodiversità o i miglioramenti nella qualità dell'aria, è spesso intangibile e difficile da quantificare in termini monetari. Questo non sminuisce la loro importanza, ma piuttosto sottolinea la necessità di sviluppare metodi innovativi per rappresentarli adeguatamente nell'analisi.

In secondo luogo, la questione del tasso di sconto, che determina come valutiamo i costi e i benefici nel tempo, è particolarmente cruciale in un contesto di sostenibilità. L'utilizzo di tassi di sconto inappropriati può portare a sottovalutare i benefici futuri delle iniziative sostenibili, potenzialmente deviando le decisioni verso soluzioni meno sostenibili a breve termine.

In terzo luogo, la sostenibilità riguarda intrinsecamente la considerazione delle generazioni future. Ciò pone l'accento sull'etica e la responsabilità nell'ACB, poiché le decisioni prese oggi influenzeranno le condizioni di vita e le opportunità di chi verrà dopo di noi. La domanda di come valorizzare correttamente i benefici e i costi per le future generazioni rimane un punto di dibattito e di ricerca.

Quarto, l'adozione di una visione olistica è fondamentale. L'ambiente, l'economia e la società sono interconnessi in modi complessi, e l'ACB dovrebbe cercare di catturare queste interdipendenze. Questo richiede l'adozione di metodi di analisi che possono gestire questa complessità, come la modellazione dei sistemi o l'analisi di scenario.

Infine, è fondamentale riconoscere che, mentre l'ACB fornisce informazioni preziose, non dovrebbe essere l'unico criterio su cui basare le decisioni in materia di sostenibilità. La visione, la missione e i valori di un'organizzazione, così come le pressioni e le aspettative delle parti interessate, giocano un ruolo cruciale nel guidare le decisioni sostenibili.

In conclusione, mentre l'Analisi Costi-Benefici può fornire una struttura per valutare l'efficacia delle pratiche green, è essenziale che venga applicata con cautela e rigore. La sostenibilità è una sfida complessa che richiede un pensiero innovativo e approcci flessibili. L'ACB, quando utilizzata correttamente, può essere uno strumento potente per guidare le organizzazioni verso un futuro più sostenibile, ma deve essere integrata con altre considerazioni etiche, sociali e ambientali per garantire decisioni ben ponderate e olistiche.

19. Prospettive future e tendenze emergenti: Cosa ci riserva il futuro

Esaminare le prospettive future e le tendenze emergenti nel campo della sostenibilità è fondamentale per anticipare le sfide e le opportunità che ci attendono. La sostenibilità è un campo in rapida evoluzione, guidato sia dalle pressanti esigenze ambientali sia dalle innovazioni tecnologiche. Ecco alcune delle principali tendenze e prospettive future che potrebbero plasmare l'agenda della sostenibilità nei prossimi anni:

1. **Tecnologia e Innovazione**: L'innovazione tecnologica continuerà a giocare un ruolo fondamentale. Ci aspettiamo di vedere progressi significativi in settori come l'energia rinnovabile, l'agricoltura di precisione, il riciclo avanzato e le soluzioni di mobilità sostenibile.

2. **Economia Circolare 2.0**: Oltre ai principi tradizionali di riduzione, riutilizzo e riciclo, l'economia circolare si evolverà per includere modelli di business innovativi, come il "product-as-a-service" e le piattaforme di sharing.

3. **Biodiversità e Servizi Ecosistemici**: L'attenzione si sposterà dalla sola riduzione delle emissioni di carbonio alla conservazione della biodiversità e alla valorizzazione dei servizi offerti dagli ecosistemi, come la depurazione dell'acqua e la pollinazione.

4. **Sostenibilità Integrata**: La sostenibilità sarà sempre più integrata nelle decisioni aziendali, diventando un pilastro centrale piuttosto che un'aggiunta periferica.

5. **Risposta al Cambiamento Climatico**: L'adattamento ai cambiamenti climatici, e non solo la mitigazione, diventerà una priorità. Ciò include soluzioni come infrastrutture resilienti e città progettate per affrontare eventi climatici estremi.

6. **Educazione e Formazione**: La formazione in materia di sostenibilità diventerà parte

integrante di molte discipline, preparando la prossima generazione a pensare e agire in modo sostenibile.

7. **Finanza Sostenibile**: Il mondo finanziario vedrà una maggiore integrazione di criteri ambientali, sociali e di governance (ESG) nelle decisioni di investimento, con una crescente richiesta di trasparenza e responsabilità.

8. **Diritti Umani e Giustizia Ambientale**: La sostenibilità sarà sempre più vista attraverso una lente di equità, con un focus sul garantire che le azioni sostenibili benefici anche delle comunità più vulnerabili.

9. **Collaborazione e Partnership**: La complessità delle sfide legate alla sostenibilità richiederà una collaborazione senza precedenti tra governi, settore privato, ONG e cittadini.

10. **Risposta Rapida a Nuove Sfide**: Eventi imprevisti, come pandemie o crisi economiche, possono influenzare drasticamente i piani di sostenibilità. La capacità di adattarsi rapidamente a queste nuove sfide diventerà fondamentale.

In sintesi, il futuro della sostenibilità sarà plasmato da una combinazione di innovazioni tecnologiche, cambiamenti culturali e necessità ambientali. Mentre le sfide saranno significative, le opportunità per un futuro più sostenibile e resiliente sono immense. Il successo dipenderà dalla nostra capacità di anticipare, adattarci e collaborare per costruire un futuro che valorizzi e protegga le risorse e le persone del nostro pianeta.

La questione delle prospettive future e delle tendenze emergenti nella sostenibilità va al di là delle semplici previsioni. La rapidità con cui la società sta evolvendo e la crescente consapevolezza dei problemi globali stanno portando a un profondo cambiamento nel modo in cui le persone vedono il mondo e il loro posto al suo interno. Ecco altre riflessioni e osservazioni sul futuro della sostenibilità:
Il **consumo consapevole** sta guadagnando sempre più terreno. Le persone, soprattutto le nuove generazioni, stanno diventando sempre più attente all'origine dei prodotti che acquistano, alle condizioni di lavoro di chi li produce e all'impatto ambientale del loro ciclo di vita. Questo porta a una domanda crescente di prodotti etici e sostenibili, spingendo le aziende a rivedere le loro catene di approvvigionamento e a adottare pratiche più responsabili.
Il concetto di **decrescita** sta guadagnando popolarità in alcune aree. La decrescita sostiene che la crescita economica continua non sia sostenibile e che dovremmo rivisitare il nostro

concetto di progresso, focalizzandoci sulla qualità della vita e sulla sostenibilità piuttosto che sull'aumento del PIL. Mentre questo concetto è ancora al centro di dibattiti accesi, è indicativo di un crescente desiderio di riconsiderare le metriche del successo nella nostra società.

La **tecnologia digitale** sta avendo un impatto profondo sulla sostenibilità. L'Internet of Things (IoT), per esempio, permette una gestione più efficiente delle risorse in settori come l'energia, l'acqua e i trasporti. Le piattaforme digitali stanno facilitando la condivisione di risorse, riducendo la necessità di possesso e promuovendo modelli di consumo più circolari.

La natura e la biodiversità stanno ricevendo maggiore attenzione. Non solo per la loro importanza intrinseca, ma anche per il loro ruolo nell'appoggiare l'economia umana e il benessere. Le foreste, ad esempio, sono riconosciute non solo come serbatoi di carbonio ma anche come fonti di cibo, medicine e come baluardi contro le malattie emergenti.

La crescente comprensione dei **limiti planetari** e delle sfide interconnesse come il cambiamento climatico, la perdita di biodiversità e l'iniquità sociale sta spingendo verso un nuovo paradigma. Si riconosce sempre più che questi problemi non possono essere affrontati in isolamento, ma richiedono soluzioni integrate.

Infine, mentre siamo di fronte a immense sfide, c'è anche un crescente senso di **ottimismo** e di possibilità. Mai prima d'ora abbiamo avuto a disposizione tanta conoscenza, tecnologia e capacità di connessione come oggi. Se utilizzati in modo saggio, questi strumenti possono aiutarci a costruire un futuro sostenibile per tutti.

La sostenibilità, nelle sue molteplici sfaccettature, continua a evolversi in modi che possono sembrare sia prevedibili che sorprendenti. Di seguito, ulteriori riflessioni su alcune delle tendenze e delle dinamiche emergenti che caratterizzano il panorama della sostenibilità:

Economia collaborativa: In un mondo sempre più connesso, l'economia collaborativa sta crescendo in popolarità. Questa tendenza vede gli individui condividere l'accesso a beni e servizi, piuttosto che possederli. Questo non solo riduce l'eccesso di produzione e spreco, ma promuove anche una comunità più unita e cooperativa.

Rinnovamento urbano: Le città stanno diventando i principali protagonisti nella promozione della sostenibilità. L'urbanizzazione continua a crescere e, di conseguenza, le città stanno investendo in infrastrutture verdi, trasporti pubblici efficienti e tecnologie per ridurre l'inquinamento. Queste metropoli stanno diventando esempi su come vivere in modo sostenibile su larga scala.

Sostenibilità e salute: Si riconosce sempre più che un ambiente pulito e sano va di pari passo con la salute e il benessere degli individui. C'è un crescente interesse per diete sostenibili, prodotti biologici e stili di vita che rispettino sia l'ambiente che il proprio corpo.

L'importanza dei mari e degli oceani: Con il deterioramento dei coralli, l'acidificazione degli oceani e l'inquinamento da plastica, l'attenzione globale si sta rivolgendo sempre più verso i nostri mari. Si stanno esplorando nuovi modi per proteggere e rigenerare gli ecosistemi marini e per utilizzare le risorse oceaniche in modo sostenibile.

Innovazione nella conservazione: L'uso di tecnologie avanzate come la teledetizione, l'intelligenza artificiale e la blockchain sta rivoluzionando il campo della conservazione. Queste tecnologie permettono un monitoraggio più accurato della biodiversità e offrono nuove soluzioni per combattere il bracconaggio e il commercio illegale di specie selvatiche.

Energia dallo spazio: Sebbene possa sembrare fantascienza, l'idea di catturare energia solare nello spazio e trasmetterla sulla Terra sta guadagnando trazione. Questo tipo di tecnologia potrebbe fornire energia pulita e ininterrotta, rivoluzionando il nostro approccio all'energia.

Moda sostenibile: Il settore della moda, tradizionalmente noto per il suo impatto ambientale, sta vivendo una sorta di rivoluzione verde. Sempre più marchi stanno adottando pratiche etiche, producendo abbigliamento da materiali riciclati o biodegradabili e promuovendo la moda "slow", in contrapposizione alla cultura del fast fashion. Queste tendenze, insieme a molte altre, delineano un futuro in cui la sostenibilità è integrata in ogni aspetto della società. Sebbene ci siano ancora molte sfide da affrontare, c'è anche una sensazione palpabile di cambiamento nell'aria, con innovazioni e soluzioni emergenti che promettono un futuro più verde.

La tematica della sostenibilità e delle prospettive future rappresenta una componente essenziale nella comprensione del percorso che la nostra società sta intraprendendo. La rapidità con cui le innovazioni tecnologiche e i cambiamenti sociali si stanno manifestando solleva questioni importanti sul tipo di futuro che stiamo costruendo e su come possiamo garantire che esso sia resiliente, inclusivo e sostenibile. Innanzitutto, è fondamentale sottolineare l'interdipendenza tra sostenibilità e innovazione.

Le tendenze emergenti che abbiamo discusso non sono isolate, ma sono interconnesse in un tessuto di cambiamenti che hanno il potenziale di rafforzarsi a vicenda. Ad esempio, l'adozione di tecnologie avanzate nella conservazione può essere ulteriormente potenziata dall'educazione e dalla sensibilizzazione delle comunità locali, mentre l'attenzione crescente verso la moda sostenibile può stimolare la ricerca e lo sviluppo di nuovi materiali ecologici.

La crescente urbanizzazione, una delle principali tendenze del 21° secolo, pone sfide significative in termini di gestione delle risorse, riduzione dell'inquinamento e creazione di spazi vivibili per tutti. Tuttavia, offre anche l'opportunità di reinventare le città come hub di innovazione verde, dove le soluzioni sostenibili possono essere implementate su larga scala e servire da modello per altre regioni.

L'attenzione crescente verso gli oceani e i mari ci ricorda che la sostenibilità non riguarda solo la terraferma. Le acque del nostro pianeta sono fondamentali per la regolazione del clima, la biodiversità e la sicurezza alimentare. Pertanto, proteggere gli ecosistemi marini è tanto una questione di etica quanto una necessità pratica. L'economia collaborativa e la moda sostenibile, tra le altre tendenze, evidenziano il crescente ruolo dei consumatori nel plasmare un futuro verde. Le scelte individuali, quando fatte su larga scala, possono avere un impatto significativo, spingendo le aziende e le industrie a adottare pratiche più sostenibili.

Infine, mentre esploriamo le possibilità di energia dallo spazio e altre soluzioni innovative, dobbiamo sempre bilanciare l'entusiasmo per le nuove tecnologie con una considerazione attenta dei potenziali rischi e delle implicazioni etiche.

In sintesi, le prospettive future in termini di sostenibilità sono ricche di sfide, ma anche di immense opportunità. Se riusciremo a navigare con saggezza in questo paesaggio in evoluzione, potremo non solo garantire un futuro più verde per le generazioni attuali, ma anche gettare le basi per un patrimonio duraturo che beneficerà le generazioni future. La chiave sarà l'abilità nel combinare innovazione, collaborazione e una profonda consapevolezza delle interdipendenze globali.

20. Conclusione e chiamata all'azione: Passi concreti che i lettori possono intraprendere per contribuire all'economia verde.

Conclusione e chiamata all'azione

Siamo giunti a un punto cruciale nella storia dell'umanità. Con i cambiamenti climatici che si intensificano e la crescente consapevolezza dei limiti delle nostre risorse planetarie, l'urgenza di cambiare il nostro modo di vivere e di fare affari non è mai stata così palpabile. La sostenibilità non è più una parola alla moda, ma una necessità impellente. La visione di un'economia verde non è solo una visione idealistica, ma un obiettivo pratico e realizzabile che richiede l'impegno collettivo di tutti.

Per molti, la grandezza e la complessità della sfida possono sembrare scoraggianti. Ma come spesso avviene con i grandi cambiamenti, anche in questo caso l'azione collettiva inizia con passi individuali. Ogni persona ha il potere di influenzare il corso degli eventi attraverso le proprie scelte quotidiane.

Ecco alcuni passi concreti che i lettori possono intraprendere per contribuire all'economia verde:

1. **Educazione e Informazione**: Mantieniti informato sulle questioni ambientali e condividi le tue conoscenze con gli altri. L'educazione è la

chiave per creare una base di cittadini informati pronti ad agire.

2. **Consumo Consapevole**: Ogni acquisto è un voto. Scegli prodotti e servizi ecologici, dai preferenza a imprese che adottano pratiche sostenibili e riduci il consumo superfluo.

3. **Riduzione, Riutilizzo e Riciclo**: Prima di gettare via un oggetto, chiediti se può essere riutilizzato, riparato o riciclato.

4. **Mobilità Verde**: Opta per mezzi di trasporto sostenibili, come la bicicletta, i trasporti pubblici o le auto elettriche. Considera l'opzione del carpooling o del telelavoro quando possibile.

5. **Supporta le Energie Rinnovabili**: Se possibile, installa pannelli solari o turbine eoliche. Altrimenti, sostieni politiche e aziende che promuovono le energie rinnovabili.

6. **Diventa Attivista**: Unisciti a movimenti e organizzazioni ambientaliste, partecipa a manifestazioni e campagne, o semplicemente parla con amici e familiari dell'importanza dell'economia verde.

7. **Vota con Coscienza**: Sostieni leader e politiche che mettono l'ambiente al centro delle loro agende.

8. **Investimenti Verdi**: Se hai risparmi o investimenti, considera di spostarli in fondi o imprese che siano etiche e sostenibili.

9. **Plantare Alberi**: Oltre a contribuire all'assorbimento del carbonio, gli alberi forniscono habitat per la fauna e migliorano la qualità dell'aria.

10. **Adotta Pratiche Agricole Sostenibili**: Se possiedi un pezzo di terra, considera metodi di coltivazione biologici o permaculturali. Altrimenti, sostieni agricoltori locali e mercati biologici.

In conclusione, mentre le sfide sono grandi, le opportunità sono immense. Ogni azione, non importa quanto piccola, contribuisce alla trasformazione verso un mondo più verde. Ricorda sempre che i cambiamenti più significativi nella storia sono iniziati con singoli individui che hanno deciso di fare la differenza. Ora, più che mai, è il momento di agire. Il futuro è nelle nostre mani.

Conclusione

Il nostro viaggio attraverso le sfaccettature dell'economia verde ci ha permesso di esplorare la vastità e la complessità delle questioni ambientali e sostenibili che stanno plasmando il nostro mondo. Abbiamo sviscerato diversi aspetti, dalla necessità di una politica solida e incentivi finanziari, alla vitalità di un commercio e una globalizzazione attenti all'ambiente. Abbiamo discusso dell'importanza dell'economia circolare, delle pratiche agricole sostenibili e dei trasporti verdi. Inoltre, abbiamo sottolineato l'essenzialità dell'educazione e della sensibilizzazione, e come le aziende possono mostrare etica e responsabilità. Infine, abbiamo esaminato il ruolo cruciale dei consumatori, l'importanza dell'analisi costi-benefici, le prospettive future e come ogni individuo può fare la differenza attraverso azioni concrete.

Ma questo libro non è che un punto di partenza. La vera trasformazione avviene quando le parole diventano azioni, e le azioni creano cambiamenti duraturi.

Risorse Utili

Se sei interessato a ulteriori approfondimenti e risorse, ecco alcuni siti web e guide che potrebbero esserti utili:

1. **World Green Economy Organization (WGEO)**: Una piattaforma che promuove la transizione verso un'economia verde a livello globale.
   - Sito web: www.wgeo.org
2. **Green Economy Coalition (GEC)**: Una rete globale di organizzazioni che lavora per accelerare la transizione verso un'economia verde.
   - Sito web: www.greeneconomycoalition.org
3. **Intergovernmental Panel on Climate Change (IPCC)**: Fornisce valutazioni scientifiche sul cambiamento climatico e le sue implicazioni.
   - Sito web: www.ipcc.ch
4. **Ellen MacArthur Foundation**: Una fondazione che promuove l'adozione dell'economia circolare.
   - Sito web: www.ellenmacarthurfoundation.org
5. **World Wide Fund for Nature (WWF)**: Un'organizzazione globale di conservazione che offre molte risorse sulle pratiche sostenibili.
   - Sito web: www.wwf.org

6. **The Green Building Council**: Promuove la costruzione sostenibile e offre certificazioni per gli edifici verdi.
   - Sito web: www.gbca.org
7. **Guide pratiche**: Esistono numerosi libri e guide sul vivere in modo sostenibile, sul giardinaggio biologico, sulle energie rinnovabili e su molti altri argomenti correlati all'economia verde.

   In conclusione, ti incoraggiamo a rimanere curioso, informato e impegnato. Ogni passo, piccolo o grande, ci avvicina a un futuro più sostenibile e prospero per tutti. Non sottovalutare mai l'importanza del tuo ruolo in questo movimento globale verso un'economia e una società più verdi. La tua azione conta. Adesso è il momento di agire.